그러니까
독서가
필요해

글쓴이 김용준
중앙대학교 대학원에서 문학을 공부하고 석사 학위를 받았습니다. 저서로는 <초등학교 교과서 전래동화>, <다독다독 독서록>, <세계사와 함께 떠나는 과학여행>, <깜짝 놀라운 과학> 등이 있으며 <시대를 대표하는 길라잡이가 안내하는 세계사> 등을 편집하였습니다. 천재교육 어린이 잡지에 수 년간 글 작업을 하였으며, 현재는 다양한 문학 강의와 집필을 통해 어린이 독서논술능력 개발에 앞장서고 있습니다.

그린이 송진욱
성균관대학에서 화학과 신문방송학을 공부하고, 꾸준히 그림을 그렸습니다. 3년 정도 중고등학교 CA 일러스트레이터 반 강사로 활동하고 있으며, 현재는 동백고등학교에서 방과 후 수업도 맡고 있습니다. 만화가이자 삽화가로 지금까지 그린 책은 <어린이를 위한 오바마 이야기>, <초콜릿 천재>, <김수환 추기경의 6가지 선물>, <살잡이 까망콩>, <글로벌 에티켓>(전 2권), <하늘로 우주로 네 꿈을 쏴라>, <별을 쏘는 사람들> 등이 있습니다.

노란상상 교양 ❸ 창의적인 자기 주도 학습서
그러니까 독서가 필요해
김용준 ⓒ 글, 송진욱 ⓒ 그림

초판 1쇄 2014년 2월 15일 | **초판 4쇄** 2018년 11월 19일

글 김용준 | 그림 송진욱
펴낸이 양정수 | **편집진행** 양정수 | **디자인** 공간 | **마케팅** 양정수
펴낸곳 도서출판 노란상상 | **등록** 2010년 1월 8일 제 2010-000027호
주소 서울시 양천구 목동동로 293, 현대41타워 910호 | **전화** 02-797-5713
팩스 02-797-5714 | **전자우편** yyjune3@hanmail.net | **노란상상 블로그** blog.naver.com/yyjune3

ISBN 978-89-97367-22-1 73800

이 책의 국립중앙도서관 출판사도서목록(cip)은
e-CIP 홈페이지(http://www.ni.go.kr/ecip)에서 이용하실 수 있습니다.
(CIP제어번호 : CIP2014003849)

이 책의 출판권 및 복제권은 노란상상에 있습니다. 저작권 및 출판권에 의하여
보호를 받는 저작물이므로 무단 전재와 복제를 금합니다.

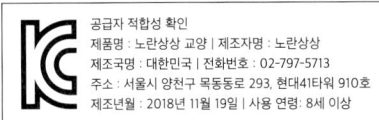

※ KC 마크는 이 제품이 공통 안전 기준에 적합하였음을 의미합니다.
※ 책의 모서리가 날카로워 다칠 수 있으니 던지거나 떨어뜨려 다치지 않도록 주의하세요.

그러니까 독서가 필요해

김용준 글 | 송진욱 그림

1장 **책은 왜 읽는데?** …… 7p
독서가 좋은 거라고요?
책을 읽으면 도대체 뭐가 좋다는 건가요?

2장 **어떻게 읽을까?** …… 21p
독서에는 여러 가지 방법이 있어요.
'무엇이 나에게 맞는 방법이지?'

3장 **책의 역사** …… 39p
책은 언제부터 만들어서 읽었을까요?

4장 독서가 위인을 만든다 …… 55p
'사람은 책을 만들고, 책은 사람을 만든다.'
책을 읽고 생각을 키워 세상을 바꾼 위인들

5장 고전에는 모든 것이 들어 있다! …… 67p
옛 선인들이 살아온 삶의 지혜와 지식이
고스란히 담긴 최고의 선물, 고전!

6장 진짜 독서는 책을 덮으면서 시작된다 …… 81p
음식을 보기만 하면 배가 부른가요? 아니지요.
책도 덮은 후 한 번 더 읽어요! 내 생각 속에서

부록 동양·서양 고전 필독서

1장

책은 왜 읽는데?

그러니까 독서해!

눈을 떠 보니 사방이 온통 바다였어요. 사람이라곤 보이지 않습니다. 있는 거라곤 커다란 야자나무 몇 그루뿐이었지요. 좀 떨어진 곳에 나무로 만든 푯말이 꽂혀 있어 가 보았습니다.

'무인도'

크고 넓은 바다 한가운데 무인도에서 주저앉았습니다.

절망하고 있는데 옆에 책 한 권이 보였어요.

"도대체 책을 어디다 쓰라고!"

짜증이 났지만, 책의 제목을 보는 순간 눈이 번쩍 뜨였지요.

책 속에는 무인도에서 (구조대가 올 때까지) 혼자 버티면서 살아갈 방법이 적혀 있었어요.

마실 물을 구하고, 물고기를 잡고, 야자열매를 땄습니다.

푯말의 '무인도'라는 글자도 '유인도'라고 바꾸어 적었고요.

그렇게 며칠을 버티는데, 멀리 배가 보였어요. 한 권의 책이 무인도에서 살아남게 해 준 거지요. 배에 타고 있던 사람들이 구조의 손길을 내밀었습니다.

그런데 배를 타고 보니 뭔가 이상하네요. 험상궂은 선원들이 웃고 있습니다. 맙소사! 해적들의 배였어요.

겨우 무인도에서 살아 나왔는데 노예로 팔려가게 생겼지 뭐예요. 선창 밑에 있는 방에 갇혀 있는데, 한쪽 구석에 또 책이 보였어요.

책을 통해 얻은 지식은 살아가는 힘이 됩니다. 책에는 수 천 년 인류 문명의 다양한 지혜가 담겨 있거든요. 먼저 겪어본 사람이 책을 쓰는 것이기에 책을 읽으면 경험하지 않고도 얻을 수 있는 것이 많습니다.
　무인도에서 홀로 남겨졌을 때, 책이 없었다면 과연 어떻게 됐을까요?

상상력과 창의력이 풍부해지는 독서

독서하면 상상력이 풍부해져요.

상상력은 실제로 경험하지 않은 일을 마음속으로 그려보는 힘이에요. 그런데 상상은 처음에는 얼토당토않은 것들로 가득 차 있어요. 이럴 땐 상상이 아닌 공상이지요. 공상은 현실적이지 못하고 실현될 가망이 없는 일을 막연히 그려 보는 거예요. 하지만 책을 많이 읽으면 현실에 바탕을 둔 생각이 떠오릅니다.

이처럼 현실을 더 나은 방향으로 새롭게 만들려는 생각이 바로 창의력이에요. 에디슨도 처음엔 달걀을 품었지만, 창의력이 강해지면서 생활에 필요한 다양한 물건을 발명할 수 있었어요. 공상을 상상으로, 상상력을 창의력으로 바꾸기 위해 독서를 합시다.

역지사지(易地思之)
— 다른 사람을 이해한다. 세계를 이해한다.

'역지사지(易地思之)'는 다른 사람의 처지에서 생각하는 걸 말해요.

사람은 처음에 누구나 자기만 생각해요. 그래서 태어난 지 얼마 되지 않은 아기들은 배가 고플 때면, 밤이고 새벽이고 가리지 않고 웁니다. 그럼 엄마는 자다가도 일어나서 아기에게 젖을 주지요. 엄마는 피곤하지만, 아기가 아직 다른 사람을 배려할 만큼 자라지 않았다는 걸 알아요. 엄마가 피곤한 걸 참고 아기에게 젖을 주는 건 아기를 이해하기 때문입니다.

책을 읽으면 아기를 대하는 엄마처럼 이해력이 강해져요. 이해력이 강해지면 이런 역지사지의 마음으로 다른 사람을 대하기 때문에 자기 이익만 챙기지 않게 돼요. 그럼 부모님, 친구들과의 관계가 좋아집니다.

그렇다고 다른 사람만을 위해 살 수는 없어요. 이해하고 배려하는 행동은 결국 나 자신을 위해 하는 거랍니다. 다른 사람을 배려하면 다른 사람도 나를 배려해 주거든요. 나에게 매몰차게 대하던 친구들도 내가 먼저 다가가면 변화시킬 수 있어요.

독서를 통해 이런 역지사지의 마음을 기르면 가족도, 친구도, 더 나아가 세계를 변화시킬 힘이 생겨요.

독서가 곧 공부!

그렇습니다. 독서가 곧 공부입니다. 모든 공부는 책으로 하지요. 책을 잘 읽는 사람은 공부도 잘할 수 있어요. 반대로 책을 잘 읽지 못하면 공부를 잘하기 어렵지요.

독서는 눈으로 글자를 보고 그 뜻을 이해하는 과정입니다. 그러려면 우선 글을 읽을 줄 알아야겠죠. 아직 글을 잘 읽지 못 한다고 해서 너무 걱정하지 않아도 돼요. 읽기 쉬운 책부터 시작해서 조금씩 어려운 책을 읽다 보면 독서 실력은 반드시 늘게 되어 있으니까요.

독서는 잊지 말고 매일 꾸준히하는 것이 중요하답니다.

세계 대학생의 독서량
2009년 통계에 따르면 세계 일류대학교와 한국 명문대학교 학생의 연평균 독서량은 미국 하버드 대학 98권, 영국 옥스퍼드 대학 103권인 반면에 우리나라 카이스트 대학은 14권으로 상당히 적은 것으로 나왔다. 참고로 2013년 통계에 따르면 우리나라 4년제 대학교의 학생 1인당 연평균 대출 건수는 11.2권으로 조사되었다.

세계 최고의 부자는 어릴 적 집 옆에 도서관이 있었다.

빌 게이츠는 컴퓨터 사업을 하여 세계에서 제일가는 부자가 되었습니다. 어떻게 빌 게이츠는 세계 최고의 부자가 되었을까요?

어린 시절 빌 게이츠의 집 옆에는 작은 도서관이 있었습니다. 빌 게이츠는 그곳에서 책 읽는 걸 좋아했어요. 학교 수업을 마친 뒤엔 항상 가서 책을 읽었지요. 친구들은 그를 책벌레라고 놀리기도 했지만 신경 쓰지 않았어요. 책에 어떤 재미가 있는지 알았던 거지요.

> 친구들은 그를 책벌레라고 놀렸지만, 신경 쓰지 않았어요. 책에 어떤 재미가 있는지 알았던 거지요.

독서를 많이 해, 세상을 보고 이해하는 능력이 생긴 빌 게이츠는 무엇을 하면 성공할 수 있는지 알게 되었어요. 컴퓨터가 세상에서 큰 역할을 할 걸 안, 빌 게이츠는 컴퓨터와 관련된 사업을 시작합니다. 사업하려면 많은 협상을 해야 합니다. 협상하려면 상대방의 마음을 잘 이해할 수 있어야 하는데, 빌 게이츠는 많은 독서를 해서 그런 능력이 높았어요. 바로 '역지사지'의 마음을 가지고 있었던 거예요. 세계 최고의 부자가 된 빌 게이츠는 이제 역지사지의 마음으로 재단을 만들어 불우한

이웃을 돕고 있습니다.

그럼, 여러분도 집에서 가까운 도서관이 어디인지 찾아보아요. 대부분의 도서관에 있는 책은 내용에 따라 책장에 나뉘어 꽂혀 있어요. 이제 마음을 다잡고 도서관에 들어가 원하는 책을 골라봅시다.

빌 게이츠

1955년 미국 워싱턴주(州) 시애틀에서 태어났다. 1967년 레이크사이드스쿨(Lakeside School)에 입학하면서부터 컴퓨터와 관계를 맺게 되었으며, 이곳에서 마이크로소프트사의 공동 창업자인 폴 앨런(Paul Allen)을 만났다. 1973년 하버드대학교에 입학하였고 1974년 폴 앨런과 함께 소형 컴퓨터에 쓰일 새로운 버전(Altair Basic)을 개발한 데 이어 1975년 대학을 중퇴하고 마이크로소프트사를 설립하였다. 1995년 8월 '윈도 95'를 출시함으로써 퍼스널컴퓨터(PC) 운영체제의 획기적 전환을 가져 왔으며, PC의 급속한 확산과 더불어 세계 컴퓨터 시장의 주도권을 장악하면서 엄청난 부를 쌓아 《포브스 Forbes》지에서 선정하는 세계 억만장자 순위에서 13년 연속 1위를 차지한, 컴퓨터의 황제이자 세계 최고의 부자이다.

책 한 권이 인생을 바꾼다.

"사람은 자기가 읽은 것으로 만들어진다."

독일의 소설가 마르틴 발저가 한 말입니다.

우리는 오감을 가지고 있습니다. 눈(시각), 코(후각), 귀(청각), 입(미각), 피부(촉각)를 통해 들어온 자극이 정보가 되고, 그 정보가 모여 우리가 어떤 사람인지 정해집니다. 오감 중에 눈을 통해 들어오는 정보가 뇌에 미치는 영향은 매우 큽니다. 그런데 앞을 볼 수 없다면 어떨까요? 소리로 들어서 정보를 받아들이면 되겠지요. 그럼 눈이 안 보이는데 귀까지 안 들리면 어떻게 할까요? 그것도 100년 전에 말입니다.

헬렌 켈러는 시각과 청각 장애를 가지고 있었습니다. 앞이 보이지 않고, 소리도 들을 수 없다면 학습하기 어렵죠. 책을 읽을 수 없으니까요. 앞만 보이지 않는다면 누가 옆에서 책을 읽어줌으로 학습할 수 있었겠지만, 헬렌 켈러는 귀까지 들리지 않았기 때문에 그조차 할 수 없었습니다. 태어난 지 몇 년 되지 않았을 때, 병을 앓았기 때문입니다.

어린 헬렌 켈러는 음식을 먹을 때도 그릇에 담긴 음식을 손으로 집어 먹거나 짐승처럼 입으로 먹었어요. 그러던 헬렌 켈러는 일곱 살에 앤 설리번 선생을 만났습니다.

앤 설리번 선생은 손의 감각을 이용해 헬렌 켈러에게 글자를 가르쳤어요. 앤 설리번 선생은 헬렌 켈러의 손을 물이 나오는 펌프에 댔죠. 그리고 손바닥에 '물'이라는 단어를 써 주었어요. 헬렌 켈러는 그때 언어가 무엇인지 깨달았어요.

앤 설리번 선생은 헬렌 켈러가 손가락의 감각을 통

> 앤 설리번 선생은 헬렌 켈러의 손을 물이 나오는 펌프에 댔죠. 그리고 손바닥에 '물'이라는 단어를 써 주었어요. 헬렌 켈러는 그때 언어가 무엇인지 깨달았어요.

해 읽을 수 있도록 점자를 가르쳐 주었습니다. 점자는 글자 하나가 몇 개의 튀어나온 점으로 이루어져 있습니다. 손가락 끝으로 그 점을 만져서 어떤 글자인지 알 수 있어요. 점자로 만들어진 점자책은 눈으로 독서하는 것보다 더 오랜 시간이 필요해요. 하지만 헬렌 켈러는 점자책으로 꾸준히 독서했어요.

성장한 헬렌 켈러는 노동자의 인권과 인종차별 문제에 맞서 싸우는 사회주의 운동가가 되었습니다. 어려운 처지에 있는 사람들을 위해 나선거지요. 그뿐만 아니라 책을 쓰기도 하였습니다.

헬렌 켈러가 장애에도 불구하고 이처럼 훌륭한 인물이 된 이유는 열심히 독서했기 때문입니다. 만일 다중 장애를 가진 헬렌 켈러가 독서하지 않았다면, 평생 스스로의 힘으로는 아무것도 할 수 없었을지도 모릅니다.

앞도 보이지 않고 귀도 들리지 않지만,

헬렌 켈러는 손가락으로 독서해 꿈을 키우고 마음으로 그 꿈을 바라보았습니다.

독서를 통해 자신을 변화시킨 헬렌 켈러가 나아가 세상까지 변화시킨 것입니다. 이처럼 독서는 한 사람의 인생, 나아가 세상을 변화시킵니다. 그러니까 독서가 필요합니다.

> 독서는 한 사람의 인생, 나아가 세상을 변화시킵니다. 그러니까 독서가 필요합니다.

 Tip

헬렌 켈러(1880~1968)

 미국 앨라배마주(州)의 터스컴비아에서 태어났다. 19개월 되던 때 열병을 앓은 후, 소경·귀머거리·벙어리가 되었다. 7세 때부터 가정교사 A.M.설리번에게 교육을 받고, 1900년에 하버드대학교 래드클리프 칼리지에 입학하여, 세계 최초의 대학 교육을 받은 맹농아자로서 1904년 우등생으로 졸업하였다. 이 당시 마크 트웨인(《허클베리 핀의 모험》, 〈왕자와 거지〉 등을 지은 미국의 작가)은 그녀에게 "삼중고를 안고 마음의 힘, 정신의 힘으로 오늘의 영예를 차지하고도 아직 여유가 있다."는 찬사를 보냈다. 그녀의 노력과 정신력은 전세계 장애인들에게 희망을 주었고, 다양한 활동으로 '빛의 천사'로도 불렸다.

독서! 인간의 뇌, 전두엽을 강하게 발달시킨다!

오랜 세월 인류가 진화하는 동안 인간의 뇌도 발달을 거듭하였어요. 인간의 뇌는 크게 뇌간, 변연계, 전두엽의 세 부분으로 이루어져 있습니다. 진화에 맞추어 뇌가 발달한 순서예요.

뇌의 가장 안쪽에 있는 뇌간은 '파충류의 뇌'라고 불려요. 체온 조절, 숨쉬기, 심장을 뛰게 하기, 영양을 소화하기 등 뇌간의 기능이 파충류 뇌의 기능과 유사하기 때문입니다.

그 위에 있는 변연계는 '포유류의 뇌'라고 불립니다. 포유류의 뇌는 특히 감정과 관련되어 있어요. 고양이나 개 같은 포유류도 지능은 인간보다 낮지만 무서워하고, 놀라며, 슬퍼하는 등의 감정은 인간과 비슷해요. 사람은 주로 10대에 변연계가 발달합니다. 그래서 10대에는 어떤 일을 받아들일 때 감정이 우선하게 되지요. 별것 아닌 일에 화가 나기도 하고 감정을 강하게 표출하고 싶어지기도 합니다.

뇌의 가장 바깥쪽을 차지한 전두엽은 진화의 마지막 단계에 발달하였어요. 인간을 비롯한 영장류에서 발달하여 '영장류의 뇌'라고 불리지요. 인간과 동물의 차이가 바로 이 전두엽의 크기에서 생깁니다. 전두엽은 이성적인 판단을 하게 해요. 영장류의 뇌인 전두엽이 발달할수록 파충류의 뇌와 포유류의 뇌를 조절할 수 있어요. 즉 본능과 감정을 자기가 원하는 대로 조절할 수 있게 되는 거지요.

그런데 아쉽게도 전두엽은 20대 중반에서 20대 후반에 보통 완성돼요. 흔히 어르신들이 "언제 철들래?"라고 하지요. 그 철드는 때가 바로 전두엽이 완성될 때라고 보면 됩니다.

물론 나이가 아무리 들어도 철이 안 드는 사람이 있어요. 반대로 어린

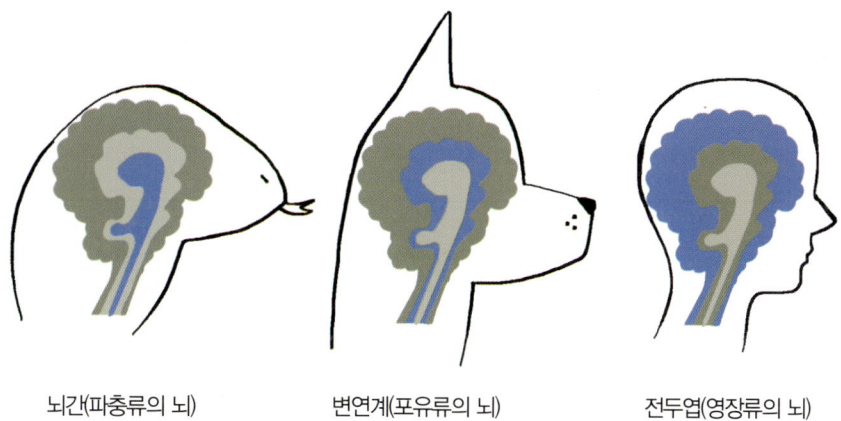

뇌간(파충류의 뇌)   변연계(포유류의 뇌)   전두엽(영장류의 뇌)

나이에도 철이 든 행동을 하는 아이들이 있고요. 자기감정을 다스릴 줄 아는 친구들을 가끔 볼 수 있는데, 이렇게 어릴 때부터 전두엽이 발달한 아이들은 보통 아이들보다 다양한 경험을 한 경우가 많습니다.

경험에는 직접 경험과 간접 경험이 있습니다. 직접 경험은 자기가 직접 체험하여 겪는 것이고, 간접 경험은 다른 사람의 경험을 통해 배우는 것입니다. 가장 쉽고 정확하게 간접 경험을 할 수 있는 것이 바로 '독서'입니다.

독서를 하면 뇌의 가장 상위에 있는 전두엽을 발달시킬 수 있습니다. 전두엽이 발달하면 이성적인 판단과 행동을 더 쉽게 잘할 수 있습니다. 살아가면서 실수와 사고를 줄일 수 있고, 나아가 원하는 삶을 누릴 수 있는 발판이 됩니다. 어린 시절부터 전두엽을 단련하면 성장했을 때, 더 뛰어난 전두엽을 가질 수 있어요. 독서를 통해 전두엽이 잘 발달한 영장류의 뇌에 한 걸음 다가서 보아요.

2장

어떻게 읽을까?

내 목이 자라목처럼 된다고?

무슨 일이든 자세가 아주 중요하지요. 운동이든 일이든 말이에요. 독서를 하는 것도 마찬가지로 자세가 아주 중요합니다. 바르게 앉아 좋은 자세로 읽어야 좋은 책을 오래 볼 수 있으니까요. '자라목'이라는 말을 들어 보았나요? 사람의 목뼈는 활처럼 뒤쪽으로 휘어 있어요. 그래서 머리의 무게에서 오는 충격을 흡수하지요. 그런데 목뼈가 일자로 평평해지거나 반대쪽인 앞으로 휘기도 해요. 이럴 때, 자라목이 되었다고 합니다. 자라가 머리를 내민 것하고 비슷한 모양이 되거든요. 이렇게 자라목이 되면 목이 아파요. 휜 목뼈 사이에서 충격을 흡수하는 디스크라는 게 튀어나와 신경을 누르게 되거든요. 그럼 머리도 아프고 팔도 저리게 돼요.

자라목이 되지 않으려면 바른 자세를 유지하는 게 중요해요. TV를 보거나 컴퓨터를 할 때 안 좋은 자세로 오래 있으면 자라목이 되지요. 책을 읽을 때도 마찬가지입니다. 바른 자세로 책 읽는 습관을 들여 보아요.

❶ 자세! 책상 앞 의자에 바르게 앉습니다. 의자 등받이에 등과 엉덩이를 바짝 대고 허리를 곧게 펴서 앉아요. 머리를 앞으로 빼면 안 돼요. 바로 자라목이 되거든요. 가슴이 하늘을 향하게 살짝 들어 준 느낌으로

앉으면 목이 자연스럽고 편안한 상태가 된답니다. 의자 높이는 허벅지가 평평한 상태가 되도록 유지해요. 만일 의자가 높으면 발을 받칠 수 있는 베개 같은 걸 두고 앉아요. 그러면 허리에 부담이 가지 않지요.

❷ 거리! 책은 눈에서 30cm 정도 위치에 두고 보는 게 좋아요. 양손으로 들고 읽지요. 책과 눈의 방향이 수직이 되도록 잡아요. 책을 받치는 독서대에 책을 올려놓고 읽는 것도 좋은 방법이에요.

❸ 빛! 방에서 책을 읽을 땐 반드시 형광등을 켜고 읽어요. 책상에 있는 전등만 켜서 주변은 어둡고 한 곳만 밝게 해서 읽으면 눈에 좋지 않아요. 낮에 밖에서는 그늘진 곳을 찾아 읽는 게 좋아요. 햇빛은 모든 빛 중에 가장 강하기 때문에 종이에 반사된 햇빛도 눈에 부담을 주니까요.

❹ 장소! 교실이나 독서실, 도서관 같은 곳이 책 읽기 좋은 곳이에요. 조용해야 집중이 잘 되거든요. 참, 교실은 쉬는 시간에는 조용하지 않지요? 쉴 때는 쉬는 게 집중력을 높이기에 좋아요. 달리는 차나 지하철 안처럼 흔들리는 곳에서도 집중이 잘 안 되지요. 또 걸어가면서 읽는 것도 눈에 좋지 않아요. 또 오토바이나 차 때문에 위험하기도 하니 조심해야 해요.

좋은 습관이든 나쁜 습관이든 석 달, 약 100일을 유지하면 자연스럽게 익숙해져요. 자 이제 TV보고 게임을 하는 습관을 들일지, 바른 자세로 책 읽는 습관을 들일지 결정해야 해요! 한 가지 기억할 건 좋은 습관은 처음이 어렵고, 나쁜 습관은 처음이 쉽다는 거예요. 하지만 시간이 흐르고 찾아오는 결과는 좋은 습관 쪽이 훨씬 좋답니다. 석 달만 꾹 참고 바르게 책 읽는 습관을 들여 보아요.

독서는 한 가지! 방법은 여러 가지!

독서를 한 마디로 표현하자면 책을 읽는 거예요. 그런데 책을 읽는다는 건 한 마디로 표현하기 어려워요. 왜냐면 책을 읽는 데에는 여러 가지 방법이 있거든요. 그럼 어떤 차이가 있는지 한번 볼까요?

❶ 자세히 읽기 (정독)

정독할 때는 천천히 자세히 읽어요. 빠진 부분 없이 꼼꼼히 읽지요. 교과서를 읽을 때는 꼭 정독해요. 자세히 읽으면 자연히 깊게 생각할 수 있습니다.

❷ 소리 내 읽기 (음독)

엄마 아빠가 동화책 읽어 준 기억나나요? 그렇게 다른 사람에게 들려줄 때는 소리 내서 읽어요. 소리 내서 읽으면 눈과 귀, 입을 모두 사용하기 때문에 기억에 잘 남아요. 그래서 영어 같은 외국어를 공부할 때, 소리 내서 읽으면 빨리 배울 수 있어요.

❸ 눈으로 읽기 (묵독)

눈으로만 책을 읽으면 옆 사람을 방해하지 않아서 좋아요. 혼자 생각하면서 읽는 거지요. 도서관과 독서실에서는 주로 묵독해요.

❹ 빨리 읽기 (속독)

편하게 읽을 때보다 긴장한 상태로 빠르게 읽으면 속독입니다. 속독하면 짧은 시간에 많은 양을 읽을 수 있어서 좋아요. 하지만 빨리 읽는 만큼, 집중하지는 못해서 내용이 기억에 잘 남지 않아요. 시험 전에 기억을 되살리기 위해 교과서를 보거나 읽었던 책을 다시 볼 때 사용하면 좋아요.

❺ 훑어 읽기 (통독)

책의 내용을 빠르게 훑어 볼 때 사용하는 방법입니다. 속독하고 비슷하지만 좀 더 빠르게 건너뛰면서 읽어요. 잡지처럼 자세한 내용을 알 필요가 없는 책을 볼 때 사용해요.

❻ 뽑아 읽기 (발췌독)

책의 내용 중에 필요한 부분만 찾아서 읽는 방법이랍니다. 사전이나 참고서를 볼 때 사용하는 방법이에요.

자 이렇게 독서에는 다양한 방법이 있어요. 실제로 책을 읽을 때는 여러 방법을 사용해요. 눈으로 읽다가 재미없는 부분에선 속독하기도 하고, 또 소리 내서 읽다가 조용히 읽기도 하지요. 어떤 독서 방법으로 읽어도 상관없지만, 필요한 내용을 빠트리지 않고 읽는 것이 중요하답니다!

목차부터 보라니까!

책은 처음부터 차근차근 읽어야 하지요. 그런데 사람의 뇌는 한 번이라도 봐서 익숙한 것을 쉽고 빠르게 받아들이는 특성이 있어요. 그래서 교과서나 교양서를 볼 때는 처음부터 끝까지 빠르게 한 번 훑어본 다음 읽으면 훨씬 읽기 쉬워요. 정말 빠르게 책장을 넘기며, 무슨 내용인지 대충 훑어보는 거지요.

책 읽기 전에 목차를 보는 것도 도움이 돼요. 목차를 보면 책의 전반적인 내용을 이해할 수 있어서 책을 더 쉽게 집중하며 읽을 수 있습니다.

> 목차를 보면 책의 전반적인 내용을 이해할 수 있어서 책을 더 쉽게 집중하며 읽을 수 있습니다.

반딧불과 흰 눈으로 책을 읽다!

옛날, 그러니까 전기가 없었던 아주 옛날에는 밤에 어떻게 책을 읽었을까요? 촛불이나 등잔불을 켜고 읽었겠죠? 그런데 초나 기름을 살 수 없는 가난한 사람은 밤에 불을 켤 수 없었습니다. 그렇다면, 밤에는 책을 읽지 않았을까요?

옛날 중국에 차윤과 손강이라는 사람은 집이 가난하여 밤에 불을 켤 수 없었는데도 훗날 높은 벼슬에 올랐습니다. 어떻게 밤에 책을 읽었을까요?

반딧불이 알지요? 개똥벌레라고도 하는 빛을 내는 벌레예요. 차윤은 반딧불이 여러 마리를 잡아서 밤에 반딧불이 내는 빛으로 책을 읽었지요. 손강은 흰 눈에 책을 가까이 대고 그 빛으로 책을 읽었고요. 이렇게

어려운 상황을 이겨내고 공부하는 것을 '형설지공(螢雪之功)'이라고 해요. 그럼 저 두 사람이 반딧불과 눈 때문에 높은 관직에 올랐을까요? 아니에요. 두 사람은 책을 보기 어려운 어두운 밤에도 어떻게든 독서하려는 마음가짐을 가졌기 때문에 뜻을 이룰 수 있었던 거예요. 밤에도 저렇게 하니 낮에는 얼마나 많은 책을 보았겠어요.

지금은 스위치만 누르면 밤에도 밝은 불이 켜지니까 반딧불이를 잡거나 눈 내리기를 기다릴 필요는 없어요. 그러니까 여러분은 차윤과 손강처럼 늘 독서하려는 마음만 가지면 됩니다.

 Tip

형설지공
옛 중국 진나라에 차윤이라는 소년이 있었다. 그는 어린 시절부터 음전하고 공부를 열심히 했으나 집안이 가난해 등불을 켜는 데 사용하는 기름조차 없었다. 차윤은 밤에도 책을 읽고 싶

었다. 그래서 생각한 끝에 엷은 명주 주머니를 벌레통처럼 만들어 그 속에 반디를 수십 마리 집어넣어 거기서 나오는 빛으로 책을 비추어 읽었다. 이렇게 열심히 노력한 끝에 상서랑이라는 중앙 정부의 고급 관리로 출세했다.

또 같은 시대에 손강이라는 소년은 어릴 때부터 악한 무리들과 사귀지 않고 열심히 공부했으나, 역시 집안이 가난해 등불을 켤 기름을 살 수가 없었다. 소년은 궁리 끝에, 겨울날 추위를 견디며 창으로 몸을 내밀고 쌓인 눈에 반사되는 달빛을 의지해 책을 읽었다. 그 결과 어사대부라는 관원을 단속하는 관청의 장관이 되었다.

남는 시간에 독서를? 자투리 독서!

자투리 독서는 5분이나 10분씩 무언가 하다 남는 시간에 하는 독서예요. 자투리 독서를 할 때는 집중력이 높아져요. 집중력은 무언가 하나에 몰두하는 힘이지요. 어릴 때는 집중력이 몇 초 밖에 되지 않아요. 나이가 들수록 집중력도 강해집니다.

그런데 집중력은 제한된 시간이 짧을수록 강해지는 특성이 있어요. 아버지나 할아버지께서 화장실에서 신문을 보기도 하지요? 화장실같이 잠깐 머무르는 곳에서는 집중력이 높아져서 독서가 잘 되기 때문입니다. 그래서 무언가 하기 전에

> 자투리 독서를 할 때는 집중력이 높아져요. 집중력은 무언가 하나에 몰두하는 힘이지요.

남는 시간에는 독서가 아주 잘 돼요. 잠시 뒤 할 일이 정해져 있으면 딴 생각이 잘 안 나기 때문에 집중력이 높아지거든요. 그래서 시험 치기 몇 분 전에 읽은 내용은 기억에 잘 남아요. 시험 볼 때는 자투리 독서를 꼭 활용해 보아요.

책을 대각선으로 읽는다고? 속독의 기술!

"책을 대각선으로 읽는다고? 이게 무슨 소리야? 책은 첫 단어부터 차례대로 읽는 거잖아!"라고 소리치는 게 들리네요. 그런데 책은 차례대로 읽을 수도 있고, 대각선으로도 지그재그로도 읽을 수 있답니다.

미국의 유명한 대통령 '존 F. 케네디'는 많은 업적을 이루었어요. 그때는 지금의 러시아가 소련이라는 이름의 공산국가로 미국과 대립 중이었어요. 전쟁이 언제 일어날지 모르는 상황에 케네디 대통령이 하루에 읽어야 할 보고서는 산더미 같았지요. 다른 사람 같았으면 온종일 앉아서 읽어야 했겠지만, 케네디 대통령은 달랐어요. 수많은 보고서를 금방 읽고 사무실을 나왔거든요. 케네디 대통령의 보좌관들은 보고서가 너무 많아서 대통령이 읽기를 포기했다고 생각했어요. 하지만 그렇지 않았습니다. 케네디 대통령은 모든 보고서의 내용을 완벽하게 알고 있었어요. 보좌관 한 명이 어떻게 그렇게 빨리 읽을 수 있는지 물어보았습니다. 케네디 대통령은 대답했어요!

"난 보고서를 왼쪽 위에서 오른쪽 아래로 한 번에 훑어본다네."

케네디 대통령은 속독하고 있었던 거예요!

미(민주주의)·소(공산주의) 진영의 냉전시대(1945~1989)

1945년부터 1989년까지 미국과 소련 두 강대국을 중심으로 하는 양진영 간에 이어진 갈등 상태를 '냉전시대'라고 불렀다. 이 당시에는 굳이 직접적인 전쟁을 하지 않고도 서로의 이념 추구나 상대방 세력의 붕괴를 위해 선전·선동·모략·비방 등 이념전과 심리전을 수없이 전개하면서 적대 국가들을 괴롭혀왔다.

특히 공산국가들은 파업·폭동·혁명·정부전복 등을 통해 공산정권과 위성국을 수립하는 데 열중하며, 이 냉전시대에 공산주의 전성기를 누렸다. 냉전시대를 이끌어온 미국과 소련 두 강대국, 그리고 양진영에 속한 주요 동맹국간에는 전쟁이 없었다. 작은 국가들 간에, 또는 큰 국가가 배후에서 조종하거나 지원하는 등 다양한 성격과 방법에 의한 전쟁은 수없이 발생했다. 양대 진영에 속하지 않는 소위 제3세계 내 작은 국가들은 과거 유럽 제국들에 대해 식민지 해방전쟁을 통해 독립을 찾았다. 새로 독립한 국가들 간에는 국경분쟁이 발생하고 또한 신생국들은 엄청난 내전을 겪기도 했다. 1950년 우리나라가 겪은 6·25전쟁 역시 그 산물이다.

이런 과정에 두 초강대국은 거의 빠짐없이 관여했고, 과거 제국이었던 영국과 프랑스도 관여한 경우가 많았다. 작은 국가들 간 전쟁은 흔히 강대국들의 이해관계에 따라 복잡하게 전

> 개되었다. 그들이 개입함으로써 협상에 이르기도 하고 때로는 단시간에 끝나지 않고 장기간으로 흐르기도 했다. 강대국들은 군사력을 직접 파견해 보호국을 돕기도 했으나, 일반적으로는 자금 조달이나 무기 지원으로 도와주며, 자기들의 이데올로기와 체제를 지키도록 하는 대리전을 치르게 했다. 또 어떤 경우는 무기를 수출하고 돈을 벌어들이는 데만 관심을 쏟기도 했다.

우리는 책을 읽을 때 단어를 눈으로 읽고 그 단어가 무엇인지 확인한 다음 연관된 정보를 순서대로 기억해 냅니다. 하지만 속독을 하면 단어를 보는 순간 그 단어를 그림처럼 받아들여서 그 의미를 바로 떠올리게 돼요. 단어의 의미를 파악하는 단계를 거치지 않기 때문에 빠른 읽기가 가능한 거예요.

> 속독을 하면 단어를 보는 순간 그 단어를 그림처럼 받아들여서 그 의미를 바로 떠올리게 돼요.

예를 들어 '코끼리'를 떠올린다면 우리는 '코끼리'라는 단어와 연관 지어 코가 긴 동물을 떠올리지만, 속독하면 '코끼리'라는 단어를 보는 순간 바로 코끼리의 모습이 떠올라 있는 거예요.

케네디 대통령의 방법 말고도 속독방법은 다양합니다. 어떤 사람은 첫 줄은 오른쪽으로 시선을 이동해서 읽고 다음 줄은 왼쪽으로 이동하며 거꾸로 읽어요. 또 그 다음 줄은 오른쪽으로 읽고요. 그럼 문장이 오른쪽에서 끝났을 때 다시 왼쪽으로 가서 읽어야 하는 눈의 이동 시간이 줄게 되지요. 그럼 순서가 뒤죽박죽되지 않느냐고요? 아니에요. 속독은 머리에서 그림처럼 순서를 인식하기 때문에 자연스럽게 의미를 이해할 수 있답니다. 정말 빠르게 속독하는 사람은 종이 한 면을 통째로 그림처럼 기억해서 단번에 의미를 파악하기도 한답니다. 그런데 속독도 중요하지만, 더 중요한 건 내용을 정확하게 파악하는 일이에요. 책을 아무리 빨리 읽어도 금방 내용을 잊는다면 아무 소용없으니까요.

시폭을 넓혀라!

책을 읽을 때는 단어를 하나씩 차례로 읽어갑니다. 그런데 학년이 올라갈수록 책을 읽을 때 한 번에 읽는 글자의 수가 점점 많아지게 됩니다. 이는 시폭이 늘어나서 한 번 눈의 초점을 맞추었을 때 읽을 수 있는 범위가 넓어지기 때문이에요.

시폭은 연습을 통해서 점점 확장되게 할 수 있는데 시폭이 늘어날수록 책도 더 빨리 읽게 됩니다. 또 시폭이 넓어지면 눈이 멈춰 있는 시간이 점점 줄어들게 됩니다. 천천히 바르게 읽는 습관을 들이면 시폭이 넓어져 책을 빠르게 읽어도 내용을 잘 기억할 힘이 생깁니다.

> 천천히 바르게 읽는 습관을 들이면 시폭이 넓어져 책을 빠르게 읽어도 내용을 잘 기억할 수 있는 힘이 생깁니다.

독서습관도 유전!

> 부모가 책 읽는 모습을 보고 자란 아이는 자라서도 독서를 즐깁니다. 이는 부모의 모습을 그대로 따라 하며 세상에 적응해 가는 본능에 의한 거예요.

자식은 부모를 따라 하면서 편안함을 느낍니다. 자식이 부모를 따라 하기에 자식을 '부모의 거울'이라고도 하지요. TV만 보고 누워 있는 부모의 모습을 보고 자란 아이는 클수록 부모처럼 TV를 찾거나 발전하여 컴퓨터를 찾지요. 반면 부모가 책 읽는 모습을 보고 자란 아이는 자라서도 독서를 즐깁니다. 이는 부모의 모습을 그대로 따라 하며 세상에 적응해

가는 본능에 의한 거예요. 아기 새도 처음엔 날지 못하다가 하늘을 나는 부모를 따라 둥지에서 뛰어내리지요. 이처럼 모든 동물은 살아남기 위해서 부모의 행동을 빨리 배우고 적응합니다. 책상에서 책 읽는 부모의 모습을 자주 본 아이는 자기도 그렇게 함으로써 세상에 적응한다고 느껴요. 그러니까 엄마, 아빠가 공부하라고 말하는 것보다 책 읽는 모습을 직접 보여 주는 게 더 낫답니다.

너무 재미없는데 끝까지 읽어야 하나!

책을 펼쳤어요. 그런데 첫 장부터 나랑은 상관없는 내용이 나오네요. 그냥 만화책을 집어 들까 하다가 그래도 참았어요. 두 장을 읽어도 못 견디겠어요. 이름이 널리 알려진 책이라서 보려고 했는데, 재미가 없어서 못 읽겠다면 그만 읽도록 해요.

그런데 그 재미를 처음 두세 장을 보고 판단하면 안 됩니다. 적어도 책의 10분의 1은 읽어야 해요. 앞의 열 장을 읽었는데도 아무런 흥미를 못 느끼겠다면 덮었다가 몇 달 뒤 다시 보아요. 독서 실력이 늘고 세상을 보는 눈이 바뀌면, 재미없던 책도 재미있어질 수 있습니다.

> 적어도 책의 10분의 1은 읽어야 해요.

잔이 차면 다시 채울 수 없다!

컵에 물을 가득 부었어요. 그 컵에 우유를 담고 싶다면 어떻게 해야 할까요. 잔을 비워야 합니다.

독서도 마찬가지예요. TV를 많이 봐서 드라마와 연예인에 관한 생각이 머리에 꽉 차 있으면 독서를 해도 책의 내용이 들어갈 자리를 찾기 어려워요. 문제는 이런 잡다한 생각이 단번에 없어지지 않는다는 데 있어요.

또 책을 읽는 곳 주변이 어지럽고 다른 물건이 많아도 책을 읽기 어렵지요. 책이 아닌 다른 곳에 자꾸 신경이 쓰이니까요.

외국의 유명한 대학에 다니는 여러 학생은 책을 다른 곳의 책꽂이에 꽂아 둔 다음 책상 위에는 아무것도 두지 않는답니다. 그리고 읽을 책 한 권만 책상에 가져가서 앉아 읽어요. 그렇게 하면 다른 생각이 나지 않아서 집중하기가 훨씬 쉽습니다.

그런데 그와는 반대로 여기저기 돌아다니며 읽는 것이 더 좋다는 학생도 있어요. 그건 집중력이 약해서 틈틈이 읽는 자기만의 전략을 개발한 거예요. 하지만 그렇게 하면 신경이 예민해져서 평소에 초조함을 느끼기 쉬워요. 초조함을 느끼면 스트레스를 많이 받아서 무언가 하지 않는데도 피곤해져요. 가능하면 자리에 앉아서 편안하게 읽는 습관을 들여요.

5분 명상하면 5시간 읽을 수 있다.

마음이 안정되어 있지 않으면 책을 읽기 어려워요. 신경이 예민해졌을 때는, 다른 곳에 자꾸 눈이 가서 아무리 재미있는 책이라도 집중해서 읽기 어렵습니다. 그럴 땐 잠깐 명상을 해요. 편하게 앉아 눈을 감고 천천히 코로 호흡해요. 그리고 자신의 모습을 자기가 위에서 내려다보는 듯한 생각을 합니다. 그렇게 몇 분이 지나면 마음이 편안해지고 안정된 뇌파가 나와서 책을 읽기 쉬워집니다.

책은 30분에서 40분 정도 읽고 10분쯤 쉬었다가 다시 읽는 게 좋아요. 책을 오래 읽기가 어려우면 10분에서 15분 정도 읽고 5분 쉬었다 읽는 것도 좋습니다. 읽는 시간을 천천히 늘려 가면 나중엔 더 오래 책을 읽을 수 있어요. 읽는 양이 적더라도, 잊지 말고 매일 꾸준히 읽는 게 중요해요.

목적을 가지고 읽어라!

목적을 가지고 읽으면 읽기 어려운 책도 참고 읽을 수 있습니다. 이 책을 왜 읽는지, 이 책을 통해 배울 수 있는 것은 무엇인지, 그것이

> 목적을 가지고 읽으면 읽기 어려운 책도 참고 읽을 수 있습니다.

나의 꿈에 어떤 도움이 되는지 미리 생각하고 읽으면 독서의 효과가 배가됩니다. 시간을 정하고 분량을 정해 읽는 것도 좋은 방법이에요. 어떤 일이든 목표가 분명하면 효과가 높아지기 때문입니다.

3장

책의
역사

종이가 없으면 책도 없다?

> 옛날 사람들도 지금처럼 생각이 많았거든요. 그래서 생각을 적을 무언가를 끊임없이 찾았지요.

종이가 발명되기 전에도 사람들은 기록하였어요. 옛날 사람들도 지금처럼 생각이 많았거든요. 그래서 생각을 적을 무언가를 끊임없이 찾았고, 문명이 시작된 곳에서는 다양한 방법으로 기록을 남겼습니다.

기원전 4000년경 메소포타미아 사람들은 점토에 기록을 남겼어요. 점토는 미술 시간에 사용하는 찰흙 같은 것입니다. 찰흙은 시간이 지나면 수분이 공기 중으로 빠져나가서 단단하게 굳지요. 메소포타미아 사람들도 점토를 빚어 평평하게 한 다음, 그 위에 글을 쓰고 그림을 그렸어요. 그리고 말려서 단단하게 한 다음 보관했지요.

기원전 1200년경 중국 은나라 사람들은 거북이의 등껍질과 동물의 뼈에 글자를 썼어요. 이것을 '갑골문자(甲骨文字)'라고 하는데 주로 미래를 예언하는 점을 칠 때 사용했어요.

기원전 200년 전쯤 이집트에서는 돌과 쇠붙이에 기록했습니다. 그런데 너무 단단하고 강해서 기록하기가 어려웠어요. 그래서 나중에는 주로 풀(파피루스)을 이용했습니다.

이처럼 인류는 옛날부터 자신들의 생각을 적고, 기록으로 남기기를 좋아했어요. 그러다가 종이라는 좋은 재료가 발명되었으니, 아주 신이 났겠지요. 그래서 오늘날에는 셀 수 없을 만큼 많은 책이 있습니다. 우리야 읽을 책이 많으니 감사할 따름이지요.

4대 문명 발상지

기원 전 3000~4000년경 큰 강의 유역 지대에서 발달한 최초의 인류 문명 발생지. 고대 문명 발상지로는 나일강 유역의 이집트 문명, 인더스강 유역의 인도 문명, 황하 유역의 중국 문명, 그리고 티그리스 유프라테스강 유역의 메소포타미아 문명이 있다. 고대에 있어서 강은 교통의 수단이 되기도 했고, 때때로 범람하여 유역의 평야를 비옥하게 하여 정착 농업을 발달하게 하였으며, 음료수가 풍부하여 도시의 발달을 촉진하였다는 점에서 고대 문명의 발달에 중요한 기여를 하였다. 이 4대강 유역에 도시를 형성하게 되자, 사회적 규범, 제도, 기술, 언어 등이 발달하고 인류 역사상 최초로 문명이 형성되었다. 특히 이집트 문명과 메소포타미아 문명은 고대 그리스 로마 문명에 커다란 영향을 끼쳐 '서구문명의 요람'이 되었다.

분서갱유 (焚書坑儒)

만리장성, 아방궁 같은 말 들어보았나요? 이 이름들에는 공통점이 있지요. 모두 중국의 진시황(기원전 259~210)과 관련 있습니다. 진시황은 중국의 황제인데 그 힘이 엄청났지요. 세계 최대의 건축물인 만리장성도 바로 진시황이 백 오십만 명이나 되는 사람들을 시켜서 만든 것이에요.

그런데 이 진시황이 독서도 잘했느냐? 아니에요. 진시황은 오히려 책을 불살라 버렸어요. 분서갱유(焚書坑儒)! 불사를 '분', 글 '서', 구덩이 '갱', 선비 '유', 즉 책을 불사르고 선비들을 묻어 버린다는 뜻이에요. 진시황이 바로 그렇게 책을 불사르고 선비들을 묻어 버렸답니다.

그렇다고 모든 책을 불사른 건 아니에요. 농업이나 옷 만들기 같이 실생활에 관련된 책은 태우지 않았어요. 진시황은 자신의 통치에 방해된다고 생각하는 내용이 담긴 책들을 불사른 것이었죠. 거기다 책을 읽어 똑똑한 유생 460명을 산채로 땅에 묻어 버리기까지 했어요.

이렇게 강력하고 무서운 진시황은 오래오래 살고 싶어서 먹으면 죽지 않는 불로초를 찾아내라고 부하들에게 시켰지만, 그런 노력도 헛수고, 진시황은 51세에 죽고 말았습니다.

진시황만 책을 태운 건 아니에요. 시대마다 정치에 방해되는 책은 금서로 지정해서 없애 버리려는 정치가들이 있었어요. 그중 제2차 세계 대전을 일으켰던 독일의 히틀러도 적국의 책은 모조리 불태워 버리려고 했어요. 히틀러가 죽기 전까지 무려 1억 권이 넘는 책이 사라졌으니 정말 안타까운 일이 아닐 수 없습니다.

진시황제(BC 259~BC 210)

이름은 영정(嬴政)이며, 조나라에서 출생하였기에 조정(趙政)이라고도 한다. 장양왕의 아들이며 원래는 왕위 계승자가 아니었으나 당시 장양왕이 볼모로 붙들려 있던 조(趙)나라의 대상인 여불위(呂不韋)의 계략으로 즉위하였다.

그가 13세에 왕위에 오르자 처음에는 여불위와 노애(奴毐)가 권력을 장악하였으나, 8년 후인 BC 238년부터 친정을 시작하였다. 그는 반대파와 여불위를 제거하고 울요(尉繚)와 이사(李斯) 등을 등용하여 전체주의적인 법가 사상을 기반으로 한 강력한 부국강병책을 추진하였다.

그 결과 BC 230~BC 221년에 한(韓)·위(魏)·초(楚)·연(燕)·조(趙)·제(齊) 나라를 차례로 멸망시키고 중국 대륙을 통일하였다. 이로써 중국 최초의 통일제국 진나라가 탄생하였으며, 또한 최초로 황제라는 칭호를 사용했다.

반면 그는 중국 역사상 최고의 폭군으로도 알려져 있는데, 자신의 업적을 과시하기 위해 각지에 비석들을 세우는 한편, 불로장생을 위한 약을 찾아 끊임없이 전국을 순행하였다. 또한 아방궁과 수릉과 같은 대규모 토목공사에 국력을 낭비하였으며 무리한 통일 정책과 전제주의로 인하여 백성들의 고통을 가중시켰다. 유학자들은 옛 봉건제로의 회귀를 끊임없이 주장하여 시황제와 대립하였는데, 결국 그는 이사(李斯)의 말에 따라 의학·점술·농경에 관한 책과 진나라의 역사기록 및 황실도서관에 있던 책을 제외한 모든 서적을 불태우고, 그를 비판하는 유학자들을 생매장하였다. 이것이 바로 BC 213년 분서갱유(焚書坑儒)다.

어린이 책? 어린이는 사람으로 안 쳐 줬대!

이게 무슨 소리죠? 자라나는 새싹! 나라의 꿈나무인 어린이를 사람으로 안 쳤다니요? 놀랍게도 서양에서는 수백 년 전까지만 해도 어린이를 사람으로 인정하지 않았어요. 다 자란 뒤에야 한 사람으로 인정받을 수 있었던 거지요. 그래서 서양의 중세 기록에는 갓난아기를 던지며 노는 모습이 있기도 합니다. 지금처럼 문명이 발달한 시대에는 꿈도 꿀 수 없는 일이지요.

서양에서는 '샤를 페로'라는 사람이 여러 가지 재미있는 이야기를 모아 1695년에 책을 냈어요. 그 책에는 잠자는 숲 속의 공주나 신데렐라, 장화 신은 고양이 같은 유명한 이야기가 들어 있었지요. 그래서 샤를 페로는 '프랑스 어린이 문학의 아버지'라고 불리기도 해요.

> 샤를 페로는 프랑스 어린이 문학의 아버지라고 불리기도 해요.

우리나라 최초의 어린이 동화는 마해송님이 1923년에 발표한 '바위나리와 아기별'이랍니다. 우리나라에서 어린이를 위한 동화가 나온 지는 아직 100년도 되지 않았어요. 하지만 지금은 셀 수 없을 정도로 많은 어린이 책이 있어서 어떤 책을 읽어야 할지가 걱정이지요.

마해송(1905~1966, 아동문학가·수필가)의 '바위 나리와 아기별'

1926년 《어린이》 신년호에 발표된 작품이다. 아름다운 문장과 순정적인 내용이 종전 동화의 세계를 탈피, 새로운 문예동화의 양식을 보여 준 작품으로 다음과 같은 내용이다.

남쪽 어느 바닷가에 바위나리라는 풀 한 포기가 돋아 빨강·파랑 등 예쁜 오색꽃을 피웠는데, 함께 어울려 이야기할 벗이 없었다. 외로운 바위나리의 울음소리를 듣고 하늘의 아기별이 내려와 흐뭇한 우정을 나눈다. 새벽이 되어 별나라로 다시 올라간 아기별은 성문이 닫혀서 성벽을 뛰어 넘다가 임금의 노여움을 산다.

마침내 하늘에서 쫓겨난 아기별은 바위나리가 있던 해변에 떨어진다. 그때 바위나리는 이미 바람에 휩쓸려 바다로 흘러가고 난 뒤였다. 그런데 그 뒤로도 아름다운 바위나리는 해마다 바닷가에서 피어나고 있었다. 그리고 깊은 바다가 맑고 환하게 보이는 것은 아기별이 바다 밑에서 빛나고 있는 까닭이라고 한다.

발명왕 에디슨? 동양에는 채륜이 있다!

옛날, 종이가 없던 시절에는 기억을 남기기 위해 여기저기에 기록했어요. 앞서 본 것처럼 점토판이나 동물의 가죽, 대나무, 풀 같은 것을 사용했지요. 그런데 진흙 판은 무겁고 만들기가 어려웠어요. 가죽은 구하기가 어려웠고요. 그래서 이 궁리 저 궁리 하는 사람이 많았답니다. 더 좋은 무언가가 없을까 하고요. 그러다 중국의 채륜이란 사람이 마침내 종이를 만들어 냈어요. 지금과 같이 얇고 가

> 옛 중국에 채륜이라는 사람이 드디어 종이를 만들었어요.

벼운 종이에 글을 쓸 수 있게 된 거죠.

채륜은 나무껍질과 마, 어망 등 이것저것을 물에 푼 다음 빻았어요. 그 다음 얇게 펴서 말려 종이를 만든 거지요. 채륜은 105년에 종이 만드는 방법과 과정을 자세하게 기록해서, 황제였던 한화제에게 바쳤어요. 채륜이 개발한 종이 만드는 방법은 그 뒤로 아주 빠르게 전해져서 종이를 사용하지 않는 사람이 없게 되었습니다.

2007년 미국의 '타임'은 인류의 가장 뛰어난 발명가 중에 채륜의 이름을 올렸고, 미국의 마이클 하트라는 교수는 '세계를 움직인 100인'에 채륜을 7위에 두었답니다.

종이는 페이퍼! 페이퍼는 파피루스?

종이는 지금으로부터 1,900년쯤 전인 105년에 처음 사용했다는 기록이 있어요. 하지만 이집트에서 사용한 파피루스는 기원전 2,500년쯤, 그러니까 지금으로부터 4,500년 전부터 사용했습니다. 파피루스는 영어로 papyrus인데 종이를 뜻하는 paper가 바로 이 파피루스라는 단어에서 비롯되었다고 해요.

지중해 연안의 습한 곳에서 무리 지어 자라는 풀인 파피루스는 높이가 1~2m나 되지요. 물론 지금도 잘 자라고 있습니다. 고대 이집트에서는 파피루스 줄기의 껍질을 벗겨 내고 속을 가늘게 찢은 다음 엮어 말리고 매끄럽게 해서 종이처럼 만들었어요. 그 밖에도 작은 배나 옷, 끈을 만들 때도 사용하고 먹기도 하였다니 정말 쓰임새가 많았던 풀입니다.

파피루스는 영어로 papyrus인데 종이를 뜻하는 paper가 바로 이 파피루스라는 단어에서 비롯되었다고 해요.

고대 이집트에 살던 사람들은 이 파피루스에 갈대로 만든 펜을 이용해 여러 가지를 기록했습니다. 파피루스가 좋다는 소문을 들은 지중해의 여러 나라는 이집트에서 파피루스를 사 갔어요. 이집트는 파피루스를 비싸게 팔아 많은 돈을 벌 수 있었지만, 자신들의 책을 만들기 위해 조금씩만 팔았습니다.

파피루스? 우리에겐 양피지가 있다!

옛날 페르가몬이라는 나라는 이집트로부터 파피루스를 수입해서 책을 만들었어요. 페르가몬의 왕은 책이 정말 중요하다는 사실을 알고 있었거든요. 그런데 그에 질세라 이집트 왕도 누구보다 책을 많이 갖고 싶어 했어요. 기원전 190년쯤 페르가몬의 왕은 파피루스를 왕창 수입하려고 했어요. 자기가 가진 도서관을 세계 최고로 만들고 싶었기 때문입니다. 이 사실을 안 이집트 왕은 페르가몬 왕에게 지기 싫어서 파피루스를 안 팔겠다고 했어요. 이제 파피루스가 없는 페르가몬은 책을 만들 수 없게 된 걸까요?

당시 페르가몬의 왕이었던 에우메네스 2세는 파피루스 대신 책을 만들 것을 찾으라고 명령했어요. 부하들은 고심 끝에 가죽을 이용해서 기록할 수 있는 '양피지'를 만들어 냈지요. 양피지는 소나 양, 새끼염소의 가죽을 깨끗이 씻은 다음 털을 뽑고 석회를 탄 물에 담가 두었다가 표면을 돌로 갈아서 얇고 부드럽게 한 거예요.

양피지는 파피루스보다 무겁고 비쌌지만, 보관이 잘 되어서 8세기 초에는 파피루스보다 양피지를 더 많이 사용하게 돼요. 처음에는 긴 양피지를 둘둘 말아서 보관했어요. 그런데 내용을 찾기가 너무 어려웠습니다. 원하는 부분을 '발췌독'하려면 양피지를

> 양피지를 네모나게 잘라 여러 장을 겹쳐 묶었어요. 맞아요! 양피지로 바로 지금의 책 모양이 완성된 거예요.

전부 펴고 샅샅이 찾아야 했거든요. 한두 번도 아니고 정말 힘들었지요. 그래서 양피지를 네모나게 잘라 여러 장을 겹쳐 묶었어요. 맞아요! 양피지로 바로 지금의 책 모양이 완성된 거예요.

대나무로 만든 책!

채륜이 종이를 발명하기 전, 중국에서는 '죽간'을 사용해서 글을 적었어요. 대나무는 세로로 잘 쪼개지지요. 대나무를 세로로 조각 낸 다음 여러 개를 끈으로 묶어서 평평하게 한 게 바로 죽간이에요. 죽간에 붓을 사용해 글을 썼어요. 돈이 많은 사람은 비단에 글을 쓰기도 했지만, 비단은 워낙 비싸서 특별한 때에만 사용했어요. 결국, 구하기도 쉽고 만들기도 쉬운 죽간을 엮어 책을 만들었지요. 하지만 죽간은 내용을 좀 많이 쓰면 그 크기가 커져서 관리하기가 불편했어요.

그렇다고 나쁜 점만 있었던 건 아니에요.
다 읽은 죽간은 추울 때 땔감으로
쓸 수 있었거든요.

한 권 한 권 베껴 쓰다!

혹시 책을 통째로 베껴 써 본 적 있나요? 그림책 말고 글씨만 가득한 책을요. 아마, 아무도 없겠지요. 그런데 옛날에는 모든 책을 베껴 썼어요. 아무리 내용이 많은 책이라도 한 권 한 권 베껴 써서 만들어야 했지요. 지금은 인쇄하는 기술이 발달해서 그럴 필요가 없습니다.

인쇄술은 마치 도장처럼 종이 대고 한 번에 찍어 내는 걸 말해요. 글자를 한 자 한 자 쓸 필요 없이 도장처럼 쾅 찍으면 한 장이 완성되는 거죠. 인쇄술이 없을 땐 앞서 말한 것처럼 한 자 한 자 베껴 썼어요.

이렇게 베껴 쓰는 걸 '필사'라고도 합니다. 이렇게 필사하면 오랜 시간과 노력이 들어가야 책 한 권을 완성할 수 있어요. 그래서 중세 시대에는 책이 매우 귀중했습니다. 돈이 많은 사람만이 책을 가질 수 있었어요. 그도 그럴 것이 성서 한 권을 만드는 데만 해도 수백 마리 분량의 양피지가 필요했고, 여러 사람이 오랜 시간 동안 베껴 써야 했으니까요.

우리나라가 최고! 직지심체요절!

요즘에는 프린터를 이용해서 인쇄하지만, 옛날에는 도장처럼 책의 내용을 찍어 냈지요. 처음에는 나무판에 하나하나 글을 새겨서 인쇄판을 만들었습니다. 이를 목판 인쇄라고 해요.

　목판 인쇄는 책이 바뀔 때마다 글자 하나하나를 새기고 글자가 틀리면 판 하나를 통째로 다시 써야하기 때문에 만들기가 어려웠어요. 또 여러 번 사용하다 보면 나무가 상하기도 했지요.

　목판 인쇄물 중에 세계에서 가장 오래된 것은 우리나라의 '무구정광대다라니경'입니다. 무구정광대다라니경은 1966년 10월에 경주 불국사 석가탑에서 발견되었어요. 신라의 경덕왕이 751년에 석가탑을 세울 때 그 안에 넣어둔 것이지요.

　목판 인쇄 다음에 나온 것이 활판 인쇄입니다. 활판 인쇄는 글자 하나하나를 따로 만드는 방식이에요. 글자 하나하나를 따로 만들어서 필요한 부분에 넣어 사용하는 거지요. 한 번 사용한 글자판을 다시 사용할 수 있으니 일이 한결 편해졌습니다.

　금속을 이용해서 만든 활판 인쇄가 바로 금속 활자입니다. 금속 활자는 납이나 구리 같은 금속을 이용해 만들기 때문에 오래 사용해도 잘 손상되지 않습니다.

이 금속 활자 역시 우리나라에서 세계 최초로 만들었어요. 서양 사람들은 독일의 구텐베르크가 납을 이용해 처음 발명했다고 하였지만, 우리나라의 흥덕사 '직지심체요절'이 그보다 앞선 것이었습니다.

사실 기록으로는 1234년 고려에서 고금의 예문을 모아 편찬한 '상정고금예문'이라는 책이 금속 활자로 찍었다고 전해져요. 하지만 기록만 있기 때문에 '상정고금예문' 대신 '직지심체요절'이 세계 최초로 인정받은 거지요. 직지심체요절은 유네스코에서 인정한 세계기록 유산으로 현존하는 세계 최고(最古)의 금속 활자본입니다. 정말 자랑스럽지 않나요? 하지만 아쉽게도 직지심체요절의 금속 활자는 프랑스의 파리 국립도서관에 있습니다. 유네스코는 직지심체요절이 우리나라에 있지 않지만, 1377년에 인쇄된 인류 역사상 최초의 금속 활자 인쇄본이기에 그 가치를 인정해 주었습니다. 직지심체요절은 서양의 구텐베르크가 인쇄기로 찍어낸 성서보다도 78년이나 앞선 것이랍니다.

> 서양 사람들은 독일의 구텐베르크가 납을 이용해 처음 발명했다고 하였지만, 우리나라의 흥덕사 '직지심체요절'이 그보다 앞선 것이었습니다.

전자책? 그래도 종이책!

여러분도 스마트패드를 사용하나요? 스마트패드는 스마트폰보다 크기가 크지요. 컴퓨터에서 모니터만 뚝 떼어 놓은 모양입니다. 요즘은 종이로 만든 책 대신 스마트패드를 통해 전자책을 보는 일이 많아졌습니다. 하나의 스마트패드에는 수십만 권에 달하는 전자책이 들어가기 때문에 다양한 전자책을 어디서든 간편하게 볼 수 있다는 장점이 있어요. 반면 종이책은 보고 싶은 책을 전부 가지고 다녀야 합니다.

2000년대 초반에 사람들은 몇 년이 지나면 종이책이 자취를 감출 거라고 예상했어요. 하지만 일 년이 지나고 십 년이 지나도 종이책은 그대로 남았습니다. 더 가볍고 읽기 좋은 스마트패드나 컴퓨터가 나와도 종이책은 사라지지 않았어요. 왜 그럴까요? TV가 처음 세상에 선보였을 때 사람들은 라디오가 자취를 감출 거라고 예상했지요. 하지만 라디오 역시 아직 많은 사랑을 받고 있습니다. 왜냐면 각각의 장점이 분명하기 때문이에요. 마찬가지로 종이책도 전자책으로는 느낄 수 없는 장점이 있습니다.

세월이 흘러도 종이책이 주는 편안함과 안정감은 전자책이 결코 따라올 수 없을 것 같습니다. 즉석 요리가 아무리 편해도 정성스레 조리한 요리를 따라갈 수 없는 것처럼 말이죠.

> 세월이 흘러도 종이책이 주는 편안함과 안정감은 전자책이 결코 따라올 수 없을 것 같습니다.

 Tip

미디어혁명 - TV등장

라디오가 뉴스 전달자의 목소리를 들려주었다면, 텔레비전은 그의 얼굴까지 보여 주는 미디어 기술혁신의 결정체였다. 19세기 말부터 축적되어 온 영상 재현 기술은 1926년 영국의 존 베어드(John Baird)가 완성시킴으로써 오늘날과 같은 모양의 텔레비전이 탄생하게 되었다. 1940년대부터 본격적으로 시작된 텔레비전 방송은 전파를 통해 오디오와 비디오 신호를 순식간에 먼 곳까지 보낼 수 있어 인류 사회를 지구촌(global village)으로 만들었다.

정보의 이동이 시간과 공간의 제약에서 해방되는 순간이었다. 전파 매체는 통신, 방송과 같은 새로운 전자 커뮤니케이션 영역을 확장하여 정보 전달의 속도와 시청각 이미지의 재현으로 인류에게 편리한 세상을 안겨 주었다.

텔레비전이 등장했던 시기에 전화, 라디오, 영화도 존재하면서 이들은 기술적으로 경쟁하는 관계에 있었다. 전화는 초기에는 라디오와 유사한 기능으로 대중에게 연설, 음악회 등을 들려주기도 했으나, 차츰 라디오에 그 역할을 양보하고 개인 간의 통신 수단으로만 남았다. 텔레비전의 등장과 동시에 라디오는 그 영향력과 사업성이 사라질 거라는 우려가 컸으나, 소비자(청취자) 개인적인 정보와 요청, 그리고 그에 따라 호응하는 특성을 살려 여전히 우리 곁으로 주파수를 보내고 있다.

4장 독서가 위인을 만든다

정서 지능을 높여라!

1966년에는 세계적인 명문인 미국의 스탠퍼드 대학에서 한 심리학자가 네 살짜리 아이 수백 명을 대상으로 실험을 하였어요.

아이에게 마시멜로라는 과자를 한 개를 줍니다. 15분이 지날 때까지 먹지 않고 참으면 마시멜로 두 개를 준다고 했어요. 아이는 혼자 남아 마시멜로를 먹지 않고 참고 기다려야 했지요.

마시멜로를 당장 먹은 아이도 있고, 참아 보다가 1분을 남기고 먹은 아이도 있었습니다. 물론 15분 동안 참고 기다린 아이도 있었어요. 세월이 흐른 뒤에 그 아이들을 찾아가 보았습니다. 자기감정을 조절하고 다스려 15분을 참은 아이들은 높은 학력과 좋은 인간관계를 바탕으로 한 성공적인 삶을 살고 있었습니다.

> 자기감정을 조절하고 다스려 15분을 참은 아이들은 높은 학력과 좋은 인간관계를 바탕으로 한 성공적인 삶을 살고 있었습니다.

반면 참지 못했던 아이들의 다수는 사회에 적응하지 못하여 범죄자가 되거나 비만으로 건강이 악화되었고, 약물 남용을 하여 삶이 망가진 상태에 이르러 있었어요.

이 실험은 정서 지능의 차이가 곧 삶의 차이로 이어진다는 것을 확연하게 보여 주는 실험이었습니다. 감성 지능이 발달하는 데에는 친구들과 어울리는 것도 중요하지만, 무엇보다 좋은 책을 읽는 것이 도움이 됩니다. 나라와 인류를 위해 좋은 일을 한 위인들은 모두 공통적인 특징이 있습니다. 바로 독서를 열심히 한 것이지요.

읽으면 잊혀진다. 벤저민 프랭클린!

책을 읽고 하루가 지나고 이틀이 지났을 때 책의 내용이 잘 기억나요? 처음엔 모두 기억나더라도, 시간이 지날수록 잘 기억나지 않지요.

그래서 프랭클린은 "많이 읽되 많이 읽지는 마라."고 했어요. 도대체 독서를 많이 하라는 걸까요? 하지 말라는 걸까요?

프랭클린은 미국 역사상 가장 위대한 인물 중 한 사람이에요. 다양한 분야에서 큰 활약을 한 프랭클린은 미국의 100달러짜리 지폐에 초상화가 들어가 있기도 합니다. 미국 사람들에게는 마치 우리나라 만 원짜리 지폐에 있는 세종대왕과도 같은 위대한 인물인 거죠.

프랭클린은 영국에서 분리된 미국의 자주권을 위해 미국 독립 선언문을 만들고 미국 헌법의 기초를 만든 정치가입니다. 또 책을 쓴 작가이기도 하며 우리가 지금도 사용하는 피뢰침을 만든 과학자이기도 합니다.

이처럼 위대한 프랭클린이라면 정말 좋은 대학을 우수한 성적으로 졸업했을 테지요. 앗! 그렇지 않네요. 프랭클린은 초등학교 2학년까지 밖에 학교에 다니지 않았습니다. 그런 프랭클린이 그토록 위대한 사람이 된 이유는 바로 그의 독서 방법에 있어요.

"많이 읽어라. 그러나 많은 책을 읽지는 마라."
"Read much, but not many books." —B. Franklin

많이 읽어도 많은 책을 읽지 마라! 바꾸어 말하면 적은 책을 반복해서 많이 읽으라는 말입니다. 그래요. 프랭클린은 읽었던 책을 다시 읽고, 다시 읽었어요. 물론 내용이 좋은 책이었겠지요.

어떤 일이든 시간이 흐르면 점점 잊힙니다. 특히 한 번 읽었던 책은 시간이 지나면 내용이 절반도 기억이 나지 않게 돼요. 어떤 책의 내용을 평생 기억하고 싶다면 최소한 몇 번은 읽어야 합니다. 처음 읽고 일주일 정도 뒤 내용이 조금 잊힐 때 다시 읽고, 그다음에는 보름 정도 뒤에 다시 읽고, 또 한 달 뒤에 다시 읽고. 사람마다 조금씩 차이가 있지만 이런 식으로 읽었던 책의 내용이 잘 기억나지 않을 때 반복해서 다섯 번 정도 읽으면 매우 오랫동안 잊지 않게 됩니다. 프랭클린은 바로 이 점을 알았던 거예요. 아무리 많은 책을 읽었어도 1년 뒤, 2년 뒤에 그 내용을 잘 기억하지 못한다면 모두 헛일이겠지요.

좋은 책은 여러 번 반복해서 읽어야 합니다. 기억나는 좋은 책 한 권이 기억나지 않는 여러 권의 책보다 나에게 훨씬 도움이 되기 때문이에요.

> 기억나는 좋은 책 한 권이 기억나지 않는 여러 권의 책보다 훨씬 도움이 돼요.

셋째가 왕이 되다. 세종대왕!

세종대왕은 1397년에 태어났습니다. 태종의 셋째 아들이었던 세종대왕. 잠깐, 셋째 아들이라면 형이 둘이나 있을 텐데 어떻게 왕이 되었을까요?

세종대왕은 어릴 때부터 책 읽기를 좋아했습니다. 왕자라서 이것저것 공부할 것이 많았을 텐데 다행히 세종대왕은 독서하기를 좋아했어요. 세종대왕의 형들은 이미 세종대왕이 어릴 때 자기들보다 뛰어남을 알고 왕위를 양보했어요. 아버지인 태종도 세종대왕의 지혜로움을 알고 셋째 아들에게 왕위를 물려준 거지요.

왕이 된 세종은 여러 분야에 많은 인재를 등용하여 국가를 발전시켰습니다. 학자들이 마음껏 독서하고 연구할 수 있도록 배려해 주고 대우해 주었습니다. 집현전을 설치하여 정치와 학문의 발전을 꾀하였지요. 마음껏 책을 읽은 집현전의 학자들은 1446년 세종의 뜻을 받들어 지금 우리가 사용하는 한글을 만들었습니다. 우리의 한글은 글자의 모양과 읽을 때의 소리가 정확하게 맞아떨어지는 세계 최고의 언어입니다.

세종대왕은 학문 외에도 독서를 통해 외교, 정책, 군사 등 다양한 분야에 대한 지식을 갖추었기에 세종대왕이 다스리는 동안 조선은 큰 발전을 이루었습니다. 이처럼 찬란하게 국가를 빛낸 세종이 대왕으로 불리는 것은 당연합니다. 이 모든 것이 어린 시절 그가 했던 독서에서 비롯된 것이랍니다.

'세종대왕상'

유네스코(UNESCO : 유엔 교육-과학-문화 기구)에서 해마다 문맹(글을 읽거나 쓸 줄 모름)을 없애는 데 공이 큰 사람이나 단체에게 주는 상을 말합니다. 우리나라는 비교적 문맹률이 낮은 편이지만, 세계적으로는 아직도 문맹자가 매우 많아서 이 상을 만들게 되었지요. 이 상은 1989년 6월 우리나라의 제안으로 유네스코에서 만들었고, 이듬해 1990년부터 해마다 문맹 퇴치의 날인 9월 8일에 시상을 해 왔어요. 1990년에는 인도의 과학 대중화 운동 단체인 KSSP가, 2007년에는 탄자니아의 엔지오(NGO : 국제 비정부 기구)인 아동 도서 프로젝트와 세네갈의 엔지오인 토스탄이 상을 받았습니다. 이 상의 이름을 '세종대왕상'이라고 지은 까닭은 무엇일까요? 우선, 훈민정음의 창제 동기가 문맹 퇴치를 위해 만들었기 때문입니다. 그리고 또

하나는 세종대왕이 그러기 위해 배우기 쉽고 사용하기 쉬운 문자인 한글을 만들어서 문맹 퇴치에 이바지했기 때문입니다.

감옥에서 조차 독서를! 백범 김구

일제 강점기 시절 빼앗긴 나라를 되찾고자 노력한 많은 독립운동가가 있습니다. 대표적인 독립운동가중 한 분인 백범 김구 선생은 감옥에서 조차 책을 읽었어요.

1876년 태어난 김구 선생은 어린 시절부터 서당에 다니며 책을 읽었습니다. 청년이 되어 항일 운동에 앞장선 김구 선생은 자신을 죽이려는 일본인을 살해한 죄로 감옥에 갇힌 적이 있어요. 김구 선생은 옥에서 아버지께서 주신 책들을 읽고 또 읽었습니다. 그러면서 함께 투옥된 사람들에게 글을 가르쳐 주고 독서하도록 책을 주기도 하였습니다.

감옥에서 나온 김구 선생은 상하이에 대한 민국 임시 정부를 수립하고 독립운동을 계속하였습니다. 김구 선생을 비롯한 여러 독립운동가의 노력이 빛을 보아 우리나

> 김구 선생은 옥에서 아버지께서 주신 책들을 읽고 또 읽었습니다.

라는 1945년 광복을 맞이하였습니다. 김구 선생은 분단된 나라를 통일시키려 노력하였지만, 1949년 안두희가 쏜 총에 맞고 끝내 조국의 통일을 보지 못한 채 돌아가셨습니다. 그러나 나라를 지키기 위한 김구 선생의 의지는 김구 선생께서 쓰신 백범일지를 통해 우리에게 전해지고 있습니다.

김구 선생의 나라를 지키려는 굳은 심지는 바로 어린 시절부터 꾸준히, 감옥에서조차 멈추지 않은 독서를 통해 이루어진 것입니다.

도마 안중근(1879~1910)

김구 선생과 더불어 대표적인 민족 계몽운동가이자 독립운동가로 삼흥학교(三興學校)를 세우는 등 인재 양성에 힘썼다. 만주 하얼빈에서 침략의 원흉 이토 히로부미(伊藤博文)를 사살하고 사형되었다. 안중근 의사는 생전에 "一日不讀書 口中生荊棘(일일부독서 구중생형극), 하루라도 책을 읽지 않으면 입안에 가시가 돋는다"라는 명언을 남긴 바 있다. 또한 1910년 3월 26일 중국 뤼순(旅順) 감옥에서 순국할 당시에 "5분만 시간을 주십시오. 아직 책을 다 읽지 못했습니다"라는 말을 남긴 일화도 있을 만큼 독서와 교육의 중요성을 몸소 실천한 분이다. 사후 건국훈장 대한민국장이 추서되었다.

더위를 잊는 독서, 퇴계 이황

이황 선생은 독서를 소중하게 여긴 진정한 독서인으로 평생을 사셨습니다. 이황 선생은 어떤 책이든 읽을 때 정독하였고, 이해가 되지 않는 부분은 반복해서 읽었어요.

1501년 태어난 이황 선생은 여섯 살 때 '천자문'을 배우기 시작하여 논어와 주역을 공부하고 스물여섯 살에 진사시에 합격하여 성균관에 들어갔습니다. 성균관은 나라를 위한 인재를 키우던 곳으로 각지에서 가장 뛰어난 학생만이 들어갈 수 있는 곳이었어요. 그런 성균관에서 이황 선생은 마흔 두 살에 가장 높은 직책인 사성의 자리에 올랐어요. 이황 선생은 자신의 독서를 바탕으로 다양한 책을 쓰기도 하였지요.

이황 선생은 조용한 곳에서 집중하여 책을 읽으려고 한여름에도 방문을 굳게 닫고 독서하였습니다. 당시엔 에어컨은 커녕 선풍기도 없었는데 말이지요. 이황 선생은 책을 읽으면 가슴에 시원한 기운이 돌아 더위를 잊게 된다고 하였습니다. 몸의 더움을 마음의 시원함으로 잊었던 거예요.

모자가 동시에 지폐 모델을?

각국의 지폐에는 대부분 나라에 큰 업적을 남긴 위인의 얼굴이 들어

가 있어요. 앞서 이야기한 이황 선생은 천 원짜리 지폐에 초상화가 있지요. 그런데 한 가족이 동시에 지폐에 얼굴을 남긴 적이 있을까요?

우리나라에 엄마와 아들이 동시에 지폐 속에 얼굴을 남긴 일이 있어요. 바로 신사임당과 율곡 이이입니다. 신사임당이 율곡 이이의 어머니예요. 신사임당은 오만 원권에 초상화가 들어가 있고, 아들인 율곡 이이는 오천 원권에 초상화가 들어가 있습니다.

1504년 태어난 신사임당은 어려서부터 독서를 많이 하였습니다. 당시에는 여성이 관직에 오를 수 없었기에 학문을 닦는 여성이 그리 많지 않았어요. 하지만 신사임당은 독서를 게을리하지 않았습니다.

신사임당은 많은 독서를 하여 학문에 능했을 뿐만 아니라 예술적 재능도 뛰어났지요. 신사임당의 작품으로는 시 〈유대관령망친정〉과 〈사친〉, 그림 〈초충도〉, 〈자리도〉, 〈산수도〉 등이 있습니다. 또한, 신사임당은 현모양처의 대명사로 불리기도 합니다. 한 집안의 어머니이기도 했던 신사임당은 그 역할 또한 훌륭히 해냈던 거예요.

신사임당의 자녀들은 그러한 어머니의 성품을 본받아 훌륭한 사람이 되었습니다. 특히 셋째 아들인 율곡 이이는 훗날 훌륭한 학자로 이름을 떨칩니다. 율곡 이이는 〈행장기〉(일생을 적은 기록)에서 어머니인 신사임당의 예술적 재능과 올곧은 성품, 효성 등을 소상히 이야기합니다.

이처럼 어머니와 아들이 모두 위인이 되어 지폐에 얼굴을 남기게 된 이유는 바로 독서에 있어요. 율곡 이이는 자신의 책인 '격몽요결'에서 독서법에 대해 이야기합니다.

첫째, 바른 자세

단정하게 똑바로 앉는다. 책을 정성껏 대한다.
산만한 마음은 건강까지 해친다.

둘째, 집중과 깊이 생각하기

마음을 모아 집중하여 읽어라. 책의 내용을 반복하여 생각하라.
글자만 읽는다면 뜻을 모르니 시간 낭비일 뿐이다.

셋째, 실천하기

독서의 목표는 읽는 것이 아니라 그 내용을 실천하는 데 있다.

실천하지 않는 독서는 입으로만 읽을 뿐 자신의 것이 되지 못한다.

율곡 이이는 책을 읽는 자세로부터 시작하여 집중하여 읽고, 나중에 책의 내용을 몸소 실천하는 것까지 완전하게 이해하고 있었던 거예요. 책을 바르게 읽는 방법을 어머니인 신사임당을 통해 배운 거지요.

신사임당은 스스로 독서하며 자녀들에게 올바른 모범을 보였습니다. 아들인 율곡 이이는 그러한 어머니를 본받아 바르게 독서하여 대학자가 되었고요.

5장

고전에는 모든 것이 들어 있다!

옛날 책을 왜 읽어?

고전은 가깝게는 수십 년 멀게는 수백, 수천 년 전에 나온 책입니다. 그런데 그 오랜 시간이 지나도록 어떻게 아직 남아 있을까요? 문명이 발전하면서 나온 더 좋은 책에 밀려 사라졌어야 할 텐데 말이지요.

여기, 그 까닭이 있습니다. 고전 한 권으로 세계의 정상에 우뚝 선 민족, 바로 유대인이지요.

유대인은 세계의 경제, 과학, 정치, 문화 등 다양한 분야에서 활약하고 있습니다. 우리나라 인구의 3분의 1 정도 되는 1,400만 명 정도의 유대인이 세계를 좌우할 정도이지요.

한 가지 예를 보면 역대 노벨상 수상자의 절반 가까이가 유대인입니다. 또 세계의 부자와 다양한 분야의 명장 중에도 여러 명의 유대인이 있습니다.

유대인에게는 '탈무드'라는 고전이 있습니다. 유

> 유대인은 어릴 적부터 탈무드를 읽고 또 읽어 완독합니다. 과거의 지혜를 어릴 때부터 배운 유대인이 자라서 지혜로운 사람이 되는 것은 당연한 일일 겁니다.

대인 지혜의 원천이라고 할 수 있는 탈무드에는 다양한 이야기가 담겨 있습니다. 유대인은 어릴 적부터 탈무드를 읽고 그 지혜를 배웁니다. 유대인은 어릴 적부터 탈무드를 읽고 또 읽어 완독합니다. 과거의 지혜를 어릴 때부터 배운 유대인이 자라서 지혜로운 사람이 되는 것은 당연한 일일 겁니다.

고전에는 오랜 세월의 지혜가 담겨 있습니다. 기나긴 시간 동안 지혜로운 사람들이 쓴 위대한 책이 바로 고전이기에 오늘날까지도 사라지지 않고 남아 있는 거랍니다. 고전은 선인들의 지혜와 지식을 얻을 수 있는 유일한 길이자 최고의 선물입니다.

> 고전은 선인들의 지혜와 지식을 얻을 수 있는 유일한 길이자 최고의 선물입니다.

베스트셀러? 좋은 책?

베스트셀러는 보통 짧은 기간 동안 많이 팔린 책을 말합니다. 사람들이 많이 사는 책은 일단 재미가 있습니다. 베스트셀러 중에는 첫 장을 펼치면 끝까지 읽게 되는 재미있는 책이 많지요. 그런데 베스트셀러가 반드시 좋은 책은 아닙니다. 흥미 위주의 책은 읽고 나면 남는 것이 없습니다. 재미를 느끼고 싶은 마음이 남을 뿐이지요.

> 베스트셀러가 반드시 좋은 책은 아닙니다.

끝까지 천천히 읽고, 읽고 난 다음에도 책장을 덮고 깊이 생각할 수 있는 책, 그것이 진정 좋은 책입니다. 빠르게 읽기 어려운 책의 대명사가 바로 고전입니다. 고전은 오랫동안 많이 팔린 책이라고 할 수 있습니다. 물론 재미있는 고전도 많습니다. 어떠한 분야의 책이든 고전은 다른 책에서 얻기 어려운 깊이를 가지고 있습니다.

오래도록 사라지지 않은 고전은 인류 문명의 공통된 가치를 지니고 있기 때문입니다.

공자? 공짜?

공자는 그냥 준다는 뜻이 아니고 옛날 중국의 학자 이름입니다. 공자는 예수, 석가모니 등과 함께 성인으로 불리기도 하지요.

공자에 대해 이야기할 때는 '논어'라는 책을 빼놓을 수 없어요. 논어는 고대 중국의 자연 현상과 문화를 기록한 사서(四書) 중의 하나입니다. 사서는 논어(論語), 맹자(孟子), 대학(大學), 중용(中庸)을 말해요. 그중 논어는 공자의 가르침이 담긴 책이에요. 대학은 공자의 제자가, 중용은 공자의 손자가 썼다고 하니 4서 중 3서에 공자의 가르침이 들어가 있습니다. 실은 논어도 공자가 직접 쓴 책은 아니랍니다. 공자에게는 여러 제자가 있었는데 그 제자들이 공자의 가르침을 적고 훗날 그 내용을 모아 만든 것이 바로 논어입니다. 논어에는 세상을 살아가는 다양한 지혜가 담겨 있어요.

성선설과 성악설

고대 중국에서는 인간성을 이해하기 위해 고심했어요. 맹자는 인간이 태어날 때 선하다는 성선설을 주장했어요. 순자는 인간이 태어날 때 악하다는 성악설을 주장했지요.

맹자는 착했던 인간이 세상에 유혹되어 악해지는 것으로 생각했어요. 반대로 순자는 악했던 인간이 배움을 통해 착해진다고 생각했지요.

맹자는 원래 착했던 마음을 유지하기 위해 노력해야 한다고 했고, 순자는 악했던 마음을 착하게 만들기 위해 노력해야 한다고 주장했어요. 결과적으로 모두 예의를 지켜 살기 좋은 나라를 만들자는 주장이었어요. 둘 다 좋은 가르침이지요.

평화를 가르치는 고전

논어와 맹자의 내용은 어떻게 해야 바르게 살고 평화로운 나라가 되는지에 관한 것들입니다. 그 옛날 중국에서 왜 이런 내용의 책이 쓰였

을까요?

　그 시절은 아직 현대적인 문명 사회가 아니었기 때문에 사람들은 힘으로 모든 것을 차지하려고 했어요. 그래서 전쟁이 자주 일어났습니다. 일단 전쟁이 일어나면 병사들이 나가서 싸우겠죠. 그런데 병사들은 농민이 대부분이었어요. 전쟁이 나면 왕이나 관리들은 다치지 않고 백성만 다치고 죽게 되는 거였죠.

　공자나 맹자는 이런 전쟁이 일어나지 않고, 사람들이 서로 다투지 않게 하려고 가르침을 전했던 거랍니다. 평화로운 세상을 만들기 위해 예법을 전하고 지혜를 전했던 거지요. 공자가 세계 3대 성인에 포함될 만하지요.

4년 내내 고전만 본다고? 세인트존스 대학!

혹시 독서가 정말 좋아서 학교에서도 독서만 하고 싶나요? 그럼 세인트존스 대학을 가면 됩니다. 미국에 있는 세인트존스 대학은 4년 내내 고전을 읽어요. 수업 시간에는 읽고 온 고전에 대해 다른 학생들과 이야기하지요.

오래전에 나온 책부터 차례로 읽으면 문명이 어떻게 만들어졌는지 알 수 있지요. 지혜가 쌓이면 어떤 일이든 잘할 수 있기에 이 학교는 훌륭한 인재를 많이 배출하고, 명문 대학이라고 불리지요.

고전을 많이 읽은 학생은 세상의 흐름을 알기 때문에 어떤 일을 하더라도 앞장설 수 있습니다. 그럼 훌륭한 고전을 읽기 위해 반드시 이 대학에 가야 하느냐? 그렇지 않아요. 이 대학에서 어떤 책을 읽는지 살펴봅시다. 나에게 맞는 책을 얼마든지 골라 읽을 수 있어요.

▶1학년

『일리아드』: 고대 그리스의 작가인 호메로스가 지은 서사시. 10년에 걸친 그리스군의 트로이 공격 중 마지막 해의 50일 동안 일어났던 사건으로 쓴 책이랍니다.

『오디세이』: 호메로스가 기원전 8세기 무렵에 지은 서사시. 트로이 원정에 성공한 영웅 오디세우스의 여행기예요.

『역사』: 기원전 425년 무렵 그리스의 헤로도토스가 페르시아 전쟁의 내용을 쓴 책. 헤로도토스는 역사의 아버지라고도 불립니다.

『오이디푸스』: 고대 그리스의 시인인 소포클레스가 쓴 서사시입니다. 당시에는 광장에서 연극 공연을 즐겨 했지요. 소포클레스는 지금의 연극이나 뮤지컬의 대본과도 같은 시를 여러 편 썼답니다. 당시에는 소설이나 동화는 없고 오로지 시뿐이었어요. 그래서 소설 같은 이야기도 시로 써야 했지요.

▶2학년

『성서』: 성서는 성당과 교회에서 사용하는 책이에요. 구약성서와 신약성서로 나뉜답니다.

『아이네이스』: 로마의 최고 시인이었던 베르길리우스가 죽기 전 11년 동안 쓴 장편 서사시로 로마 건국의 기초를 다진 아이네아스의 이야기가 담겨 있어요. 아쉽게도 완성하지는 못했습니다.

『신곡』: 이탈리아의 단테가 지은 책으로 지옥과 천국을 오가며 겪는 환상적인 이야기가 담겨 있어요.

『캔터베리 이야기』: 영국의 시인 제프리 초서가 1387년부터 1400년 죽기 전까지 쓴 책입니다. 사회 각층의 대표로 이루어진 31명의 순례자가 어떤 여관에서 번갈아 이야기하는 내용이에요. 중세 설화의 다양한 장르를 읽을 수 있는 책으로 당시 영국의 사회상을 자세하게 알 수 있어요.

『군주론』: 군주론은 마키아벨리가 1513년에 발표했어요. 제목이 군주론인 것처럼 군주가 권력을 잘 유지할 수 있는 수단과 방법이 자세하게 나와 있어요. 권모술수(權謀術數)를 가르치는 책이라고 알려졌지만, 잘 읽어보면 인생을 살아가는 데 도움이 될 만한 내용이 가득합니다.

『햄릿』: 셰익스피어는 영국의 극작가이자 시인이에요. 훌륭한 작품을 많이 남겨 최고의 작가라고 불리기도 합니다. 셰익스피어의 작품으로는 이밖에도 『오셀로』, 『리어왕』, 『맥베스』 등이 있어요.

▶3학년

『돈키호테』 : 돈키호테는 에스파냐의 작가 세르반테스의 소설입니다. 주인공인 돈키호테와 부하 산초는 우스운 느낌이 있어요. 하지만 풍자를 통해 사회의 불합리와 모순을 풀어낸 훌륭한 소설입니다.

『라 퐁텐 우화』 : 우화는 사람이 주인공이 아니에요. 동물이나 식물, 사물을 주인공으로 해서 교훈과 풍자를 담은 이야기입니다. 이솝 이야기는 들어 보았나요? 라 퐁텐은 프랑스의 우화가로 라 퐁텐이 지은 우화도 이솝이 지은 우화처럼 짧은 이야기들로 이루어져 있습니다.

『걸리버 여행기』 : 조너선 스위프트라는 영국 작가가 쓴 걸리버 여행기는 원래 동화가 아닙니다. 당시 영국 사회를 풍자하고 나아가 인간을 비판하는 내용이 담긴 소설이에요. 1726년에 나온 이 책은 주인공인 걸리버가 배를 타고 가다 난파하여 소인국과 대인국, 말의 나라 등을 다니면서 기이한 경험을 한다는 이야기입니다.

『국부론』 : 애덤 스미스가 10년에 걸쳐 완성하여 1776년에 나온 책입니다. 국가가 부강해지려면 어떻게 해야 할지에 대해 명확하게 설명하고 있답니다. 이 책을 잘 읽으면 경제를 잘 이해할 수 있어요. 경제의 흐름을 알면 나중에 많은 돈을 가질 수 있지요.

『오만과 편견』 : 18세기 영국의 여성 작가 제인 오스틴이 쓴 소설이에요. 신분과 계급 때문에 오해와 편견이 있던 남녀 주인공이 서로 사랑하게 되는 이야기입니다. 이런 고전을 읽으면 감성지능을 향상할 수 있어요. 감성지능이 높아지면 다른 사람과의 관계가 좋아집니다.

▶4학년

『종의 기원』 : 진화론을 주장한 찰스 다윈이 쓴 책이에요. 생명체가 시간이 지나면 단순한 모습에서 복잡하고 환경에 적응한 모습으로 변화한다고 다윈은 생각했어요. 다윈이 살던 시절에는 인간을 신이 만들었다고 생각했지만, 다윈은 인간이 원숭이 같은 모습에서 인류의 모습으로 진화하였다고 주장했지요. 당시 사람들은 다윈이 원숭이 후손이라며 놀리기도 했어요. 하지만 다윈은 뜻을 굽히지 않았습니다. 이 책에는 다윈이 왜 그렇게 생각했는지에 대한 이유가 담겨 있어요.

『허클베리 핀의 모험』 : 마크 트웨인이 쓴 청소년 소설이자 위대한 고전입니다. 이 책은 유치원생부터 대학생까지 나이를 불문하고 읽어요. 미국 현대문학의 시작이라고 불리기도 한답니다.

『전쟁과 평화』 : 러시아의 작가 톨스토이가 쓴 역사, 예술 소설이에요. 1812년 러시아의 전쟁을 명확하게 묘사하고 거기에 예술적인 묘사까지 더해 최고의 세계문학 중 하나라고 불립니다.

『정신 분석학』: 인간의 내면에 관심을 두고 정신분석을 창시한 프로이트가 쓴 책입니다. 프로이트는 이 책에서 인간 심리의 발달 단계를 분석하고 의식, 무의식의 공간에 관해 이야기합니다. 이 책을 읽으면 나의 머릿속 생각이 어떻게 이루어지는가에 대해 알 수 있습니다.

『카라마조프의 형제』: 러시아 작가 도스토옙스키의 마지막 장편 소설입니다. 카라마조프 집안 형제들의 삶을 통해 인간의 본질에 관해 생각하게 하고, 나아가 삶에 대한 깊은 통찰력을 줍니다.

세인트 존스 대학 외에도 고전을 읽는 대학은 여러 곳 있습니다. 미국의 명문인 시카고 대학은 80명이 넘는 노벨상 수상자를 배출했어요. 이는 하버드 대학 노벨상 수상자의 두 배나 되는 숫자입니다. 그런데 시카고 대학은 처음 세워졌을 땐 명문 대학이 아니었어요.

1929년 'the great book program(고전 100권 읽기)'이라는 제도를 시작한 뒤부터 명문 대학이 되었지요. 100권의 고전을 읽어야 졸업을 할 수 있기 때문에 학생들은 너도나도 고전을 읽었습니다. 그 결과 최고의 명문 대학이 될 수 있었어요.

중국 최고의 명문인 칭화 대학의 학생들도 100권의 동서양 고전을 읽어야 합니다. 칭화 대학은 고전 읽기를 실시한 다음 중국대학 종합 평가에서 베이징 대학을 제치고 1위를 차지하기도 했어요. 칭화 대학을 다니며 고전을 읽었던 한 학생은 중국의 최고 지도자가 되었습니다. 바로 중국의 주석인 '후진타오'예요.

요즘 부자는 자식에게 결여 대신 고전 준다.

부자에는 여러 종류가 있어요. 물려받은 재산 없이 노력해서 부자가 된 사람. 물려받은 재산이 많아 부자가 된 사람. 복권에 당첨된 사람 등등.

그럼 부자의 자녀들은 물려받은 돈이 많을 테니 모두 부자로 살까요?

아니에요. 부모로부터 많은 돈을 물려받았지만, 여기저기 마음껏 사용하다가 모두 탕진하고 거지가 된 사람들이 꽤 많습니다.

그도 그럴 것이 부자의 자녀들은 태어날 때부터 결여, 즉 부족한 것이 없었기 때문에 돈에 대한 개념이 없어요. 돈을 벌기 위해 어떤 노력이 들어가야 하는지 알지 못하는 것이죠.

반대로 가난한 집의 자녀들은 평소에 갖고 싶은 것이나 먹고 싶은 것이 있어도 참아야 할 때가 많아요. 어린 시절부터 결여를 경험하는 것이죠. 그런 결여를 자주 경험한 아이는 자라서 악착같이 돈을 모아 부자가 되기도 합니다. 부족한 부분을 채우기 위해 노력하는 거지요.

왜 누구는 부자인 부모를 두어도 거지가 되고 누구는 가난한 부모를 두어도 부자가 되는 걸까요.

부자들은 생각했어요.

자기 자식에게 어릴 때 결여를 느끼게 해 주면 자기가 물려준 재산을 잘 아껴 쓸 거라고. 그래서 부자는 자기 아이들에게 아무거나 사 주지 않고 심부름이나 집안 일을 거들어야 용돈을 주었죠. 그렇게 하니 아이들이 조금은 돈의 무게를 알게 되었습니다. 하지만 아이가 자랄 때까지 계속 그렇게 하자니 너무 어려웠어요. 자식에게 맛있는 음식, 좋을 옷을 주고 싶은 거야 모든 부모가 마찬가지 아니겠어요.

부자들은 고심 끝에 자식에게 결여 대신 줄 좋은 것을 찾아냈어요. 바로 '고전'이었습니다.

고전에는 인류 역사의 모든 지식이 담겨 있기에 고전을 읽은 아이는 결여를 경험했건 안 했건 상관없이 재산을 잘 지키고 계속해서 부자로 살았어요.

그 결과 부자들은 자기 아이들이 원하는 것은 무엇이든 사 주면서 거기에 고전을 하나 얹어 주는 것으로 마음 놓고 지낼 수 있게

되었어요.

그럼 가난한 집에서 태어난 아이들은 어떻게 하나요? 더 열심히 고전을 읽어서 지혜를 쌓으면 되지요! 고전을 통해 지혜를 쌓으면 마음이 부자가 되는 것은 확실합니다. 마음이 부자인 사람은 돈이 많건 적건 상관하지 않습니다.

> 고전을 통해 지혜를 쌓으면 마음이 부자가 되는 것은 확실합니다.

만화책은 한 시간, 고전은 한 달!

고전은 한 달 정도 천천히 읽는 게 좋아요. 읽고서 깊이 생각해 보는 시간을 갖는 게 필요합니다. 고전은 시간이 흐르고 다시 읽어 주는 게 좋기 때문에 좋은 고전은 자기 책을 가지고 있는 게 좋습니다.

한 번에 여러 책을 읽지 않아요. 한 번에 한 권의 책에 집중해서 읽는 게 중요합니다.

만화책은 손에 잡고 몇 시간이면 다 읽을 수 있지요. 재미를 위주로 만들어졌기 때문입니다. 그렇다면 고전은 재미가 없을까요? 아닙니다. 만화책은 읽으면 바로 느낄 수 있는 가벼운 재미가 있지만, 고전은 오래도록 가슴에 남는 깊은 재미가 있습니다. 가벼운 재미는 나를 가볍게 만들지만, 깊은 재미는 나를 생각이 깊은 사람이 되도록 해 줍니다.

> 한 권의 고전을 한 달 동안 천천히 읽으면 십 년 동안 내 가슴에 깊은 흔적이 남게 됩니다.

한 번 깊은 재미를 느끼게 되면 가벼운 재미는 잊힙니다. 시작이 중요합니다.

한 권의 고전을 한 달 동안 천천히 읽으면 십 년 동안 내 가슴에 깊은 흔적이 남게 됩니다.

• 참고 부록 : 서울대 권장 '동양·서양고전 200선' 목록 92p

6장

진짜 독서는 책을 덮으면서 시작된다

말을 하라고! 말을!

input = 입력

output = 출력

컴퓨터는 입력이 있으면 출력이 있습니다. 인터넷 검색창에 글을 입력하면 원하는 웹사이트라는 출력물을 보여 줍니다.

독서도 마찬가지입니다. 책을 읽고 생각이 쌓이면 그 생각을 효과적으로 표현해야 해요. 독서 토론 같은 것이 바로 생각을 표현하는 장입니다.

> 책을 읽고 생각이 쌓이면 그 생각을 효과적으로 표현해야 해요

이야기할 때는 논리를 바탕으로 창의력과 상상력을 발휘해서 자유롭게 이야기할 수 있어야 합니다. 그러려면 상대방이 내가 하는 말을 알아들을 수 있어야겠지요.

내가 읽은 책에 관해 이야기하는데 상대방이 그 책을 읽지 않았다면 곤란합니다. 그럼 상대방에게 줄거리를 이야기해 주어야 할 거예요.

서로가 읽은 책에 관해 토론할 수 있는 곳, 인터넷 카페나 독서클럽 같

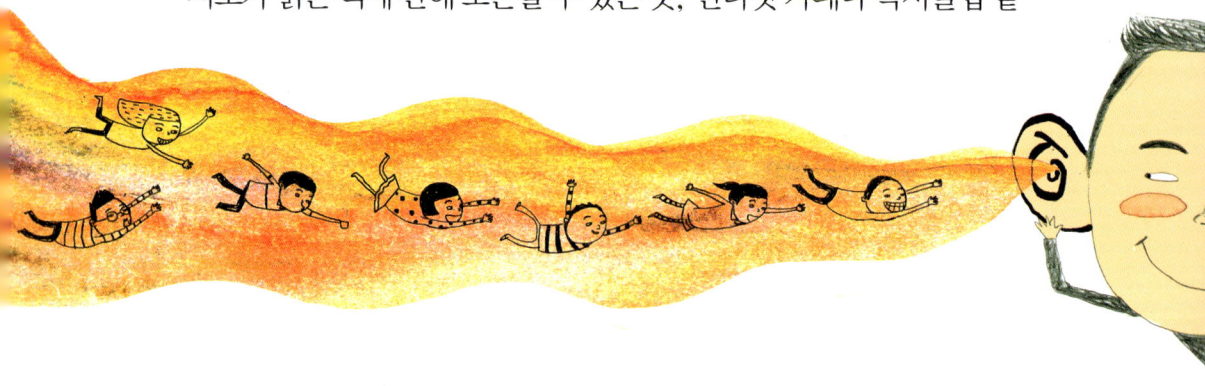

은 곳을 이용하면 좋습니다. 말하는 것만큼 중요한 건 들어 주는 거예요. 내가 반을 말하면 반은 들어 주어야 하지요. 어느 한쪽만 말하게 되면 진정한 독서 토론이라고 할 수 없습니다.

특히 사람은 자기 이야기를 잘 들어 주는 상대에게 호감을 느껴요. 사람은 누구나 자기 이야기를 하는 걸 좋아하거든요. 누구나 자기 이야기를 잘 들어 주는 상대에게는 호감을 느끼고 마음 속 깊은 이야기도 편안하게 합니다. 그렇다고 계속 들어 주기만 하면 내 입이 근질거려 참기 어려워요. 반은 들어 주고 반은 말하는 것이 가장 좋지요. 잘 안되더라도 한두 번에 그치지 말고 독서 토론을 할 기회를 찾도록 해요.

그런데 다른 사람이 없을 땐 어떻게 해야 할까요? 그럴 때는 말하는 대신 독서록을 쓰면 됩니다.

독서록을 써야 내 책이 된다!

내 책장에 꽂혀 있다고 다 내 책이 아닙니다. 책을 읽고 마음에 담아야 정말 내 책이라고 할 수 있어요. 마음에 오래 남기려면 독서록을 씁니다.

독서록에는 책을 읽고 난 다음 드는 생각과 느낌을 적습니다. 이렇게 글로 써 보면 책의 내용이 오래 기억에 남습니다. 지금이야 읽었던 책을 손가락으로 꼽을 수 있더라도 시간이 흐르면 어떤 책을 읽었는지조차 헤아릴 수 없게 돼요. 그 책들을 다 들고 다니면서 필요할 때 일일이 찾아볼 수도 없고요.

또 독서록을 쓰면서 책을 읽을 땐 미처 생각하지 못했던 부분을 이해하기도 해요. 독서록을 쓰면서 책의 내용을 정리하면 마음속의 생각을 표현하는 힘도 길러집니다.

> 독서록을 쓰면서 책의 내용을 정리하면 마음속의 생각을 표현하는 힘도 길러집니다.

어떤 책이든 읽은 다음에는 독서록 쓰는 습관을 들여요. 독서가 한층 즐거워집니다.

다양한 독서록 쓰기 방법 중 대표적인 몇 가지 방법을 보아요.

❶ 줄거리 적고 느낌 써 보기

책의 전체 내용이 어떻게 흘러갔는지 적어봅니다. 주인공을 중심으로 이루어진 가장 중요한 이야기를 위주로 간단하게 써 보는 거예요.

요약을 통해 책의 전체 내용을 줄여 보면 효율적인 글쓰기를 할 수 있어요. 줄거리를 쓰고 중간마다 자기가 느낀 점을 적어 줍니다.

❷ 일기 독서록

일기 독서록을 쓸 때는 마치 일기를 쓰듯이 책의 내용을 써봅니다. 일기는 그날 겪었던 일을 쓰지요. 일기 독서록은 책의 내용을 마치 내가 겪은 것처럼 써 보는 거예요. 그래서 일기 독서록은 내가 감정을 잘 이입할 수 있는 동화나 소설을 읽었을 때 쓰는 게 좋아요.

동화나 소설의 주인공이 겪은 일을 마치 내가 겪었다고 생각하고 느낌을 적어 봅니다.

❸ 기사 독서록!

기사 독서록의 기사는 돈키호테처럼 말을 타고 달리는 기사가 아니라 신문에 있는 기사입니다. 신문에 실리는 기사처럼 누군가에게 보고하듯이 써 보는 거예요.

기사 독서록을 쓸 때는 TV 뉴스에 나오는 기자가 된 기분으로 씁니다. 마치 내가 마이크를 직접 잡고 말한다고 생각하면서 쓰면 좋아요.

❹ 편지 독서록

편지 독서록을 쓸 때는 책의 주인공에게 편지를 씁니다. 다른 등장인물에게 써도 좋아요. 책의 내용 중에 주인공이 겪은 가장 큰 일에 대해 이야기하고 그럴 때 주인공의 기분이 어떠했을 거 같다고 이야기해 보아요. 그리고 주인공을 위로해 주거나 축하해 주듯이 씁니다.

❺ 상장 독서록

위인전을 읽었을 때 쓰면 좋은 독서록입니다. 훌륭한 일을 한 이순신 장군이나 에디슨, 세종대왕 같은 위인에게 상장을 줍니다. 상장을 받는 위인의 업적을 설명하고 그 업적이 사람들에게 얼마나 큰 도움을 주었는지 써 보아요. 그리고 그 이유로 상장을 준다고 마무리하고요.

❻ 동시 독서록

독서록을 시처럼 쓸 수도 있어요. 동시 독서록은 읽은 책의 내용을 동시로 표현해 보는 거예요. 동시를 쓸 때는 운율을 잘 살리면 좋아요. 운율은 글자의 수가 반복되도록 쓰는 거예요. 동시 독서록은 동시로 쓰기 때문에 다른 독서록보다 내용이 좀 짧습니다.

❼ 추천 독서록

읽고 나서 정말 큰 감동을 한 책이 있지 않나요? 그런 훌륭한 책은 친구들도 읽으면 좋겠지요. 이렇게 다른 사람에게 권하고 싶은 책이 있을 때 추천 독서록을 씁니다.

추천 독서록에는 가능하면 줄거리는 쓰지 않아요. 왜냐면 줄거리를 미리 알고 읽으면 읽을 때 재미가 없어지거든요. 같은 책을 두 번 보는 느낌이 들기도 하지요. 추천 독서록을 쓸 때는 어떠한 점이 좋았고 어떻게 나에게 도움이 되었는지 쓰면 좋아요. 추천의 이유를 위주로 쓰는 것이 바로 추천 독서록입니다.

이 밖에도 독서록을 쓰는 다양한 방법이 있어요. 읽은 책의 내용과 나의 감정을 잘 표현할 방법을 선택해서 쓰면 됩니다. 어떤 독서록으로 하면 술술 풀릴지 상상해 본 다음 독서록 쓰기를 시작해요. 방법이 다양한 만큼 골라 쓰는 재미도 있지요!

독서록? 논술록!

여러분이 글쓰기를 하는 것이 바로 논술이라고 보면 돼요. 논술은 학년이 올라가면 더 자주 하니까 미리 연습해 보면 좋아요. 독서록을 쓰면 논술도 쉽게 할 수 있습니다. 독서록도 일종의 논술이거든요.

독서록을 쓸 땐 서론 본론 결론의 순서로 씁니다.

▶서론

서론에는 이 책을 왜 읽게 되었는지, 어떤 생각으로 골랐는지 써요. 언제 어떻게 읽었는지를 쓰는 것도 좋은 방법입니다.

▶본론

본론에는 책의 내용을 읽고 느낀 점을 씁니다. 감동 받은 부분에 대해 설명하고 그 이유를 쓰는 것도 좋은 방법이에요. 본론에 나의 중요한 생각을 담아요. 그래서 본론은 서론이나 결론보다 내용이 깁니다.

▶결론

결론에서는 마무리를 지어요. 책의 내용과 관련해 앞으로 내가 어떻게 할지 써 봅니다. 책에서 어떤 배움을 얻었는지 쓰고, 스스로 다짐하는 내용을 적는 것도 좋은 방법이에요.

말을 할 때도 조리 있게 논술식으로 해 보아요. 신데렐라를 읽은 다음 친구에게 이야기해 볼까요?

"그게 말이야, 신데렐라가 유리구두가 벗겨지면 안 되는데, 열두 시가 지나버렸어!"
"얘, 지금 뭔 소리하냐?"
"아 글쎄, 열두 시가 지나면 마법이 풀린다니까!"
"그러니까 도대체 무슨 얘기냐고?"

자, 이렇게 덮어놓고 내가 재미있었던 부분만 이야기하면 듣는 사람은 못 알아들어요. 먼저 무엇을 이야기하려는지 상대방에게 밝혀야 해요. 바로 논술에서의 서론이지요.

"신데렐라라는 아이가 있었는데 새엄마가 엄청 구박하더라고."

이렇게 이야기를 시작하면 듣는 사람이 관심을 두겠지요. 서론을 꺼낸 다음 본론을 차분히 이야기해요.

"그래? 그래서 어떻게 되었는데?"
"무도회가 열린 날 새엄마랑 새언니들은 신데렐라만 남겨두고 성으로 갔지."
"저런, 안됐구나!"
"그래 참 안됐지."
"뭐야? 거기서 끝이야?"

본론에서 바로 끝나면 안 돼요. 이야기를 끝낼 때는 마무리를 확실하게 지어줘야 합니다. 바로 결론을 내는 거지요.

"착한 신데렐라는 요정의 도움을 받아서 왕자하고 결혼하게 되었어."

"정말?"

"그래, 둘은 행복하게 오래오래 살았지! 못된 새엄마랑 새언니들은 벌을 받았고."

이렇게 '서론-본론-결론'으로 이어지는 말하기는 논술의 형식과 똑같지요. 말을 하거나 글을 쓸 때 이것만 기억하면 됩니다.

내가 복사기야? 베껴 쓰기!

베껴 쓰면 책의 내용을 더 깊이 마음에 새길 수 있어요. 이런 말이 있습니다.

"기분 좋아 웃는 게 아니라 웃으니까 기분이 좋아진다."

과학자들이 이 말을 연구했는데 정말 그랬어요. 기분이 좋지 않을 때라도 웃는 표정을 지으면 뇌에서 기분을 좋게 만들어 주는 물질이 나와 기분이 좋아졌어요!

웃으면 기분이 좋아지는 것처럼 베껴 쓰기를 하면 책을 쓴 사람의 글쓰기 실력과 지혜가 나의 것이 될 수 있어요. 옛날에는 필사라고 하여 공부할 때는 그 책을 베껴 썼습니다. 지금도 작가를 꿈꾸는 사람들은 위

　대한 작가의 글을 베껴 씁니다. 베껴 쓰면 위대한 작가의 생각과 감정을 느낄 수 있거든요.

　좋은 책을 베껴 써 보면 글쓴이의 지혜와 지식을 내 것으로 만드는 일이 훨씬 쉬워집니다. 그냥 읽는 것보다 시간이 좀 더 걸리기는 하지만, 좋은 책이라면 한 번쯤 해 보는 것도 나쁘지 않겠지요.

> 좋은 책을 베껴 써 보면 글쓴이의 지혜와 지식을 내 것으로 만드는 일이 훨씬 쉬워집니다.

서울대 선정 '동서고전 200선'

문학편(100선)

〈국문학 26편〉

- 수이전 (殊異傳)
- 계원필경 (桂苑筆耕) – 최치원 (崔致遠)
- 이인로 (李仁老), 『파한집』(破閑集)
- 역옹패설 – 이제현 (李齊賢)
- 송강가사 (松江歌辭) – 정철 (鄭澈, 1536~1593)
- 박지원 (朴趾源, 1737~1805), 『연암산문선』, 『열하일기』(熱河日記, 1780)
- 다산시선 (茶山詩選) – 정약용 (丁若鏞)
- 김만중 (金萬重, 1637~1692), 『구운몽』(九雲夢, 1687)
- 홍길동전 (洪吉童傳) – 허균 (許筠, 1569~1618)
- 『춘향전』(1724~1800, 조선 영조·정조 시대로 추정)
- 이인직 (1862~1916), 『혈의 누』(血의淚, 1906, 1907)
- 『무정』(無情, 1917) – 이광수 (李光洙, 1892~1950)
- 임꺽정전 – 홍명희
- 염상섭 (廉想涉, 1897~1963), 『삼대』(三代, 1931)
- 박태원 (朴泰遠, 1909~1986), 『천변풍경』(川邊風景, 1936, 1937)
- 이기영 (李箕永, 1895~1984), 『고향』(故鄕, 1933)
- 무영탑 – 현진건
- 상록수 (1935~1936) – 심훈 (1901~1936)
- 채만식 (蔡萬植, 1902~1950), 『탁류』(濁流, 1937~1938)
- 강경애 (姜敬愛, 1906~1943), 『인간문제』(人間問題, 1934)
- 감자 외 – 김동인
- 황순원 (黃順元, 1915~2000), 『카인의 후예』(1953~1954)
- 님의 침묵 – 한용운
- 김소월 전집 – 김소월
- 정지용 (鄭芝溶, 1902~1950), 『정지용 시 전집』
- 윤동주 전집 – 윤동주

〈동양문학 19편〉

- 시경 (詩經, BC 1122~570) – 공자 편
- 산해경 (山海經)
- 도연명 시선 (詩選) – 도연명 (陶淵明, 365~427)
- 이백 시선 (詩選) – 이백 (李白, 701~762)
- 두보 시선 (詩選) – 두보 (杜甫)
- 삼국지연의 (三國志演義) – 나관중 (羅貫中)
- 수호전 (水滸傳) – 시내암 (施耐庵)
- 서유기 (西遊記) – 오승은 (吳承恩)
- 조설근 (曹雪芹, 1715~1763), 『홍루몽』(紅樓夢, 1740, 1792)
- 유림외사 (儒林外史) – 오경재 (吳敬梓)
- 노잔유기 (老殘遊記) – 유악
- 아Q정전 (阿Q正傳) – 노신 (魯迅, 1881~1936)
- 자야 (子夜) – 모순 (茅盾)
- 각비[祥子] – 노사 (老舍)
- 가 (家) – 파금 (巴金)
- 원씨물어 (源氏物語) – 무라사키 시키부
- 나츠메 소세키 (夏目漱石, 1867~1916), 『도련님』
- 기탄잘리 (Guitanjali) – 타고르 (Tagore)
- 천일야화 (Arabian Nights or The Thousand and One Nights)

〈서양문학 55편〉

- 변신 (Metamorphoses, BC 8) – 오비디우스 (Ovidius, BC 43~AD 17)
- 일리아드, 오딧세이아 (Ilias, Odysseia) – 호메로스 (Homer)
- 오레스테스 삼부작 (Oresteia) – 아이스킬로스 (Aeschylos, BC 525~456)
- 오이디푸스왕 (Oedipus Tyrannus) – 소포클레스 (Sophocles, BC 496~406)
- 메데아 (Medea) – 에우리피데스 (Euripides, BC 480~406)

- 리시스트라타 (Lisistrata) – 아리스토파네스 (Aristophanes, BC 450~382)
- 아에네이스(Aeneis) – 베르길리우스 (Vergilius, BC 70~19)
- 단테(Dante, 1265~1321),『신곡』(Divina Commedia, Divine Comedy, 1300~1321)
- 데카메론 (Decameron) – 보카치오 (Boccaccio)
- 햄릿, 맥베드, 리어왕, 오셀로(Hamlet, Macbeth, King Lear, Othello) – 셰익스피어(Shakespeare)
- 걸리버 여행기 (Gulliver's Travels, 1726) – 스위프트 (Swift, 1667~1745)
- 오만과 편견 (Pride and Prejudice, 1813) – 오스틴 (Austen, 1775~1817)
- 찰스 디킨스(Charles Dickens, 1812~1870),『위대한 유산』(Great Expectations, 1861)
- 폭풍의 언덕 (Wuthering Heights) – 브론테 (Bronte, 1818~1848)
- 테스 (Tess of the D'Urvervilles, 1891) – 하디 (Hardy, 1840~1928)
- 젊은 예술가의 초상 (A portrait of the Artist as a Young Man) – 제임스 조이스 (James Joyce)
- 사랑하는 여인들 (Women in Love) – 로렌스 (Lawrence)
- 나다니엘 호손 (Nathanel Hawthorne, 1804~1864),『주홍글씨』(The Scarlet Letter, 1850)
- 여인의 초상 (The Portrait of a lady) – 제임스 (James)
- 허클베리 핀의 모험 (Adventures of Huckleberry Finn, 1884) – 트웨인 (Twain)
- 무기여 잘 있거라 (A Farewell to Arms, 1921) – 헤밍웨이 (Hemingway, 1835~1910)
- 음향과 분노 (The Sound and the Fury, 1929) – 포크너 (Faulkner, 1897~1962)
- 가르강튀아와 팡타크뤼엘 (Gargantua et pantagruel) – 라블레 (Rabelais, 1494~1553)
- 수상록 (Les Essais, 1572~1592) – 몽테뉴 (Montaigne, 1533~1592)
- 타르튀프 (Tartuffe, 1664) – 몰리에르 (Moliere, 1622~1673)
- 페드르 (Phedre) – 라신느(Racine)
- 고백록 (Les Confessions) – 루소 (Rousseau)
- 캉디드 外 철학적 꽁트(Candide) – 볼테르 (Voltaire)
- 잃어버린 환상(Illusions Perdues) – 발자크 (Balzac)
- 적과 흑(Le Rouge et le Noir) – 스탕달 (Stendhal)
- 귀스타브 플로베르(Gustave Flaubert, 1821~1880),『보바리 부인』(Madame Bovary, 1857)
- 악의 꽃 (Les Fleurs du Mal) – 보들레르 (Baudelaire)
- 마르셀 프루스트 (Marcel Proust, 1871~1922)『잃어버린 시간을 찾아서』(A la recherche du temps perdu, 1913~1927)
- 구토 (La Nauske) – 사르트르 (Sartre)
- 페스트 (La Peste, 1947) – 카뮈 (Camus, 1913~1960)
- 괴테(Goethe, 1749~1832),『파우스트』(Faust, 1771~1831, 1806, 1831)
- 도적들 – 쉴러(Schiller)
- 하인리히 폰 오프더딩엔 (Heinrich von Ofterdingen) – 노발리스 (Novalis)
- 노래의 책 (Buch der Lider) – 하이네 (Heine)
- 녹색옷을 입은 하인리히 (Der grune Heinrich) – 켈러 (Keller)
- 토마스 만 (Thomas Mann, 1875~1955),『마의 산』(Der Zauberberg, 1924)
- 말테의 수기 (Die Aufzeichnungen des Malte Laurids Brigge) – 라이너 마리아 릴케 (Rilke)
- 수레바퀴 아래서 (Unterm Rad) – 헤세 (Hesse)
- 프란츠 카프카 (Franz Kafka, 1883~1924),『성』

- 세푼짜리 오페라 (Die Dreigroschenoper) – 브레히트 (Brecht)
- 귄터 그라스 (Gunter Grass, 1927~), 『양철북』(Die Blechtrommel, 1959)
- 세르반테스 (Cervantes, 1547~1616), 『돈키호테』 (Don Quixote, 1605~1615)
- 마르께스 (Marquez, 1928~), 『백년동안의 고독』 (Cien Anos de Soledad, 1967)
- 인형의 집, 유령 (Et Dukkehjem, Gengangere) – 입센 (Ibsen)
- 미스 줄리, 아버지 (Froken Jlie, Fadren) – 스트린드베리 (Strindberg)
- 도스트예프스키 (Dostoevskii, 1821~1881), 『카라마조프가의 형제들』(1879~1880)
- 톨스토이 (Tolstoi, 1828~1910), 『안나 카레니나』 (Anna Karenina, 1875~1877)
- 아버지와 아들 – 투르게네프 (1818~1883)
- 어머니 – 고리키
- 개를 데리고 다니는 여인 (단편집) – 체호프 (1860~1904)

사상편(100선)

〈한국사상편 20편〉

- 대승기신론소 (大乘起信論疏) – 원효 (元曉)
- 일연 (一然, 1206~1289), 『삼국유사』(三國遺事, 1321)
- 지눌 (知訥, 1158~1210) –『원돈성불론』(圓頓成佛論)
- 매월당집 (梅月堂集) – 김시습 (金時習)
- 화담집 (花潭集) – 서경덕 (徐敬德)
- 이황 (李滉, 1501~1570), 『성학십도』(聖學十圖, 1568)
- 이이 (李珥, 1536~1584), 『성학집요』(聖學輯要, 1575)
- 징비록 (懲毖錄) – 유성룡 (柳成龍)
- 선가귀감 (禪家龜鑑) – 휴정 (休靜)
- 성호사설 (星湖僿說) – 이익 (李瀷)
- 택리지 (擇里志) – 이중환 (李重煥)
- 일득록 (日得錄) – 정조 (正祖)
- 정약용 (丁若鏞, 1762~1836), 『목민심서』(牧民心書, 1818)
- 북학의 (北學議) – 박제가 (朴齊家)
- 의산문답 (醫山問答) – 홍대용 (洪大容)
- 기학 (氣學) – 최한기 (崔漢綺)
- 동경대전 (東經大典) – 최제우 (崔濟愚)
- 매천야록 (梅泉野錄) – 황현 (黃玹)
- 한국통사 (韓國痛史) – 박은식 (朴殷植)
- 조선상고사 (朝鮮上古史) – 신채호 (申采浩)

〈동양사상편 20편〉

- 주역 (周 : BC 1046~771)
- 공자 (孔子 BC 552~479), 『논어』(論語)
- 맹자 (孟子, BC 372~289), 『맹자』(孟子)
- 공자, 『대학』(大學)
- 자사 (子思, BC 492~432), 『중용』(中庸)
- 노자 (老子, BC 6C~4C), 『도덕경』(道德經)
- 장자 (莊子, BC 365~290), 『장자』(莊子)
- 순자 (荀子, BC 315~236), 『순자』(荀子)
- 한비자 (韓非子, BC 280~233), 『한비자』(韓非子)
- 바가바드 기타 (Bhagavad-gita)
- 중론 (中論) – 용수 (龍樹)
- 법구경 (法句經)
- 육조단경 (六祖檀經) – 혜능 (慧能)
- 사마천 (司馬遷, BC 145~86), 『사기』(史記, 90) –『사기열전』(史記列傳)
- 근사록 (近思錄) – 주희 (朱熹)
- 전습록 (傳習錄) – 왕수인 (王守仁)
- 명이대방록 (明夷待訪錄) – 황종희 (黃宗義)
- 대동서 (大同書) – 강유위 (康有爲, 1858~1927)
- 삼민주의 (三民主義) – 손문 (孫文)
- 실천론 (實踐論, 1937) – 모택동 (毛澤東, 1896~1976)

〈서양사상편 60편〉

- 헤로도토스 (Herodotos, BC 484~425),『역사』 (?στορα, HIstoria, ?)
- 플라톤 (Plato, BC 429~347),『국가』(Politeia, The Republic, BC 430~421, BC 375)
- 정치학 – 아리스토텔레스 (Aristoteles, BC 384~322)
- 키케로 (Cicero, BC 106~43),『의무론』(De officiis, BC 44)
- 게르마니아 – 타키투스 (Tacitus, 55~120)
- 아우구스티누스 (Augustinus, 354~430),『고백록』 (Confessions, 397~400)
- 마키아벨리 (Machiavelli, 1469~1532),『군주론』(Il Prince, 1513, 1532)
- 유토피아 – 토마스 모어 (More, 1467~1545)
- 전쟁과 평화의 법 – 그로티우스 (Hugo Grotius, 1583~1634)
- 두 우주 구조에 대한 대화 – 갈릴레오(Galileo)
- 신 논리학 (Novum Organum, 1620) – 베이컨 (Bacon)
- 데카르트 (Descartes, 1596~1650),『방법서설』(Discourse on the Method, 1637)
- 토마스 홉스, (1588~1679),『리바이어던』(Leviathan, 1651)
- 뉴턴 (Newton, 1642~1727),『프린키피아 – 자연철학의 수학적 원리』(Principia, 1687) – Philosophiae Naturalis Principia Mathematica
- 로크 (Locke, 1632~1704),『정부론』(Two Treatise of Government, 1683~1689, 1690)
- 신학문의 원리 – 비코 (Vico, 1668~1744)
- 몽테스키외 (Montesquieu, 1689~1755),『법의 정신』(L'Esprit des Lois, 1748)
- 사회계약론 (1762) – 루소 (Rousseau, 1712~1778)
- 범죄와 형벌 (1764) – 베카리아 (Beccaria,1738~1794)
- 애덤 스미스 (Adam Smith, 1723~1790),『국부론』 (The Wealth of Nations, 1776)
- 형이상학서설 (1783) – 칸트 (Kant)
- 역사철학강의 – 헤겔 (Hegel, 1770~1831)
- 미국의 민주주의 (1835, 1840) – 토끄빌 (Tocqueville, 1805~1859)
- 실증철학강의 – 꽁트 (Comte)
- 권리를 위한 투쟁 – 예링 (Jhering, 1818~1892)
- 찰스 다윈 (1809~1882),『종의 기원』(On the Origin of Species, 1859)
- 존 스튜어트 밀 (John Stuart Mill, 1805~1873),『자유론』(On Liberty, 1859)
- 고대법 (1861) – 메인 (Maine, 1882~1888)
- 자본론 (1867) – 마르크스 (Marx)
- 니체 (Nietzsche, 1844~1900) –『짜라투스트라는 이렇게 말했다』(Also sprach Zarathustra, 1883~1885)
- 자살론 (1897) – 뒤르켐 (Durkheim, 1858~1917)
- 프로이트 (Freud, 1856~1939),『꿈의 해석』 (Interpretation of Dreams, 1899)
- 창조적 신화 – 베르그송 (Bergson)
- 레비-스트로스 (Levi-Strauss, 1908~),『슬픈 열대』(Tristes Tropiques, 1955)
- 생의 비극적 감정 – 우나무노 (Unamuno, 1894~1936)
- 일반 언어학 강의 – 소쉬르 (Saussure)
- 막스 베버 (Max Weber, 1864~1920),『프로테스탄티즘의 윤리와 자본주의 정신』(The Protestant Ethic and the Spirit of Capitalism, 1904~1905)
- 옥중수고 (獄中手稿, 1929~1935) – 그람시 (Gramsci, 1891~1937)
- 존재와 시간 – 하이데거 (Heidegger)
- 중세사회 (1939) – 블로크 (Bloch, 1886~1944)

- 아동지능의 근원 – 피아제 (Piaget)
- 자본주의 사회주의 민주주의 – 슘페터 (Schumpeter, 1883~1950)
- 예종에의 길 (1944) – 하이에크 (Hayek, 1899~1992)
- 심리학과 종교 (1937) – 융 (Jung, 1875~1961)
- 지각의 현상학 – 메를로–퐁티 (Merleau-ponty, 1908~1961)
- 생명이란 무엇인가? (1943) – 슈뢰딩거 (Schroedinger, 1887~1961)
- 철학적 성찰 – 비트겐슈타인 (Wittgenstein, 1889~1951)
- 시각예술에서의 의미 – 파토프스키 (Panofsky, 1892~1968)
- 인간현상 – 샤르댕(Chardin)
- 순수법학 – 켈젠(Kelsen)
- 진리와 방법 – 가다머(Gadamer)
- 에드워드 톰슨 (Edward Thompson, 1924~1993), 『영국 노동계급의 형성』(The Making of the English Working Class, 1963)
- 인식과 관심 – 하버마스 (Habermas)
- 하이젠베르크 (1901~1976), 『부분과 전체』(Der Teil und dad Ganze, 1969)
- 미셸 푸코 (Michel Foucault, 1926~1984), 『지식의 고고학』(The Archaeology of Knowledge, L'Archeologie du Savoir, 1969)
- 토마스 쿤 (Thomas Kuhn, 1922~1996), 『과학혁명의 구조』(The Structure of Scientific Revolutions, 1962)
- 정의론 – 롤즈 (Rawls)
- 성과 속 – 엘리아데(Eliade)
- 페르낭 브로델 (Fernad Braudel, 1902~1985), 『물질문명과 자본주의』(1979) – Civilisation Materielle, Economie, et Capitalisme 15e~18e Siede
- 책임의 원리 (1979) – 요나스 (Jonas, 1903~1993)

초등 어린이부터 청소년, 성인까지 다양한 분야별 추천 도서를 만나 보세요.

문화체육관광부 (분야별 우수도서) http://www.mcst.go.kr
한국출판문화산업진흥원 (이달의 책 & 청소년 권장도서) http://www.kpipa.or.kr
대한출판문화협회 (올해의 청소년 도서) http://www.kpa21.or.kr
어린이도서연구회 http://www.childbook.org
열린 어린이(오픈키드) http://www.openkid.co.kr
(사)행복한아침독서 http://www.morningreading.org
책따세(책으로 따뜻한 세상 만드는 교사들) http://www.readread.or.kr
고래가쉼쉬는도서관 http://www.goraebook.com